AQUARIUS

AQUARIUS

AQUARIUS

AQUARIUS

後青春 Restart

後青春，更超越青春。
從心理、健康、照護，到尊嚴的告別，
我們重新啟動一個美好的人生後半場。

與快樂。共老

15個活出自我的後青春提案

丘引——著

【推薦序】

築夢，勇往直前

黃越綏（財團法人國際單親兒童文教基金會創辦人）

這是本書作者用她親身的體驗，再加上用心的觀察，讓讀者能透過她的眼簾透視人生的真諦，做個快樂的自己且享受生活的點滴。

丘引是我多年好友，屬於長年不相聚但心中仍有彼此之類，自從她擺脫了婚姻的桎梏後，突然像隻找到屬於自己天空的喜鵲，飛到美國尋找她年輕未成形的夢，同時也在圓自己理想的夢。

人過中、老年後還有築夢的企圖心，悲觀者會認為是自不量力，但對樂觀者而言，則是勇往直前。作者丘引就是屬於後者，不僅如此，她還熱情地呼籲大家要起而效之，正常珍惜生命，利用生命和回饋生命的價值，因此她用鍥而不捨的研究精神，從不同的性別、背景和年齡層去探討高齡面對身心老化後所面對的各種問題，以及如何走出挫折的陰霾，重燃生命的火花。

丘引是個實踐的旅行家，又有個好奇的性格，因此在見聞廣的後盾下，她變成了會說故事的人，而此書中的故事主人翁也樂意借她的筆調，把養生之道、學習成長，突破愛恨情仇或生死離別的困境，以及樂觀面對死亡等每個階段的心路歷程與心得分享。

我的人生哲學是「四不一沒有」即不運動、不節食、不保養、不做愛（功能尚在但少了合適的對象），一沒有則是沒有錢，與丘引的人生觀可說是南轅北轍，但讀完她的著作，我還是很感動她的用功與用心，因此，希望大家要多捧場買此書，因為它是本對你身心均有益處且有利長壽的黃金維他命！

目錄

與快樂。共老

15個活出自我的後青春提案

目錄

目錄

【自序】

為一百二十歲的快樂做準備

如果你是四十歲，這本《與快樂共老——15個活出自我的後青春提案》無疑是為你寫的。如果你是五十歲的人，你該當真，我花了很多心思在你身上，我們是搭同一條船的人。如果你是六十歲的人，你該知道，你在乎的，我比你更用心。如果你是七十歲以上的人，就更別說了，這本書不是給你，還會是給誰的呢？

美國人說，學習永遠不嫌遲（You are never too old to learn.）。所以，如果你是以上年紀的人，我要請你從現在開始，把你的焦點放在你身上，開始學習一切可能與你數十年未來生命有關的事物。

《百歲姊妹有話說》（*Having Our Say: The Delany Sisters' First 100 Years*）的兩位共同作者德拉妮姊妹一起寫這本書時，莎蒂已經一百零三歲，貝西也已一百零一歲了。但整本書中百歲姊妹的思路清晰，記憶力一級棒，健康狀況很好。

好到什麼程度呢？妹妹貝西在九十八歲時，還爬梯子到樹上鋸掉樹枝，以便從她家眺望紐約市的風景；在一百零一歲寫這本書時，她說她的眼睛還很好，好到可以回去當牙醫。

一輩子未婚共居的姊妹倆認為自己的健康是自己的責任。她們建議讀者，離醫生遠一點，離醫院遠一點，因為現代的醫生對病人過度治療。她們說，很多檢查沒必要，很多手術沒必要，很多藥也沒必要吃。

可是，她們怎麼有條件這樣說呢？因為她們隨時都在學習，到了一百歲，還時時注意食物的營養，也持續讀書和關心社會。七十歲開始，姊妹倆每天吃七種蔬菜，很多種新鮮水果，還有多種維他命。在更早之前，姊妹兩人一起照顧失偶的媽媽，陪媽媽做瑜伽，帶媽媽旅行。每天晚上睡覺前，姊妹倆都為所有活著和已經離開的親人做很長的祈禱。

很多百歲人瑞都很驚訝，自己怎麼會活那麼久？更多人從來沒想過，自己活的壽命居然比原先預估的還要高。

更妙的是，美國加州大學（UCLA）老年學和病理學沃爾福教授（Roy L. Walford, M.D.）為自己計畫的飲食，是以一百二十歲來做計畫的，他嚴格限制卡路里的攝取。

「唉呀！早知道我會活那麼久，我就該吃健康一點，多做一些運動，腦筋學習更多一些……」我們不必將來才發出那樣的悲嘆。

現在是一個既可延年益壽，又可以緩老的年代，讓自己維持青春，心靈飽滿，還能持續為社會奉獻。你說，還有什麼比這樣更快樂？

來吧！讓我們舉杯歡呼，為我們活得更好，更快樂的後青春做努力。

請記得，德拉妮姊妹說的，自己的健康是自己的責任。這對百歲姊妹花在一百零三歲和一百零一歲一起寫這本書時，腦袋瓜清晰，三餐還自己下廚，而且，每天都開懷大笑，開心得連鄰居都以為她們是不是不正常呢！

誰說，生命不該開懷大笑呢？如果可以快樂，何必和痛苦當朋友呢！

建議你，如果你還沒有閱讀《後青春——優雅的老》（寶瓶文化出版），我非常非常的推薦你，那是一本對你走入後青春幫助很多的書。這本書得衛福部一〇三年的優良好書獎，我收到許多讀者讚賞信，說這本書對他們的後青春影響很大。其中的一封信寫著，「**……這本書我已全部讀完，個人覺得書中每個觀念都非常棒，值得我們分享與學習，亦是目前市面上最棒的一本書……**」這是台電臺北北區營業處幹事彭春泉先生在讀《後青春——優雅的老》一書後寄給我的email。

《與快樂共老——15個活出自我的後青春提案》的誕生，要感謝寶瓶總編輯朱亞君的催生，和編輯賴逸娟的協助。沒有她們兩人的一起絞盡腦汁，就沒有這本書的存在。就讓《與快樂共老——15個活出自我的後青春提案》陪你一起快樂的老，一起歡笑，也一起為快樂的黃金年華而沉醉吧！

【前言】

愈老愈精彩

哈佛大學心理藝術學者阿恩海姆（Rudolf Arnheim, 1904-2007）說，生命除了拱門（arch）理論，還有階梯（staircase）理論。沒錯，他就是階梯理論的創造者。

拱門理論，就是人從出生為起點，往上爬到中年頂峰，接著再走到下坡，最後以死亡為終點。這是指身體機能而言。

階梯理論則說人的生命精神和靈魂是一階一階的往上爬，一路爬，一路往上，向更高的境界邁進。因此，人進入老年，就算視茫髮蒼，也有機會再造巔峰，例如貝多芬的晚年聾了，卻寫出《第九號交響曲》，那是貝多芬最好的作品，還成為歐洲國家每年新年音樂會表演的曲目傳統。

這兩個理論不一樣，一個是從零開始，到零的結束，兩者在同一個橫軸上，往上爬到最高點，爬不上去了，便是中年，然後開始往下掉，最後回到起點處；而另一個是一直往上，從來沒有向下掉過，意即人生都是在高潮點，而終點站就是最高處，是直軸，如貝多芬就是。

傳統上，支持拱門理論的人多。那些人認為，晚年就是黃昏，雖然夕陽無限好，可惜近黃昏。持拱門理論的人，他們的想法和態度通常都傾向消極和悲觀。

從現代眼光來看，或從地球村的全面性來看，階梯理論是讓人的生命發展得最好最棒的理論，讓人一直繼續往上爬。

美國影星珍．芳達（Jane Fonda），不只得過兩次奧斯卡獎，將近八十歲的她，在向一位九十幾歲的女老師學瑜伽時，看到那位瑜伽老師精神昂揚，身心輕鬆柔軟，而心態上非常年輕的狀態後，讓她振奮不已。後來珍．芳達也開始投入瑜伽教學，她的瑜伽教學錄影帶風靡全球。

在珍．芳達的著作《黃金年華》（*Prime Time*）中，她所支持的，和我一樣，是階梯理論。

我們都是一路往上爬，從出生那一刻就開始全面向上發展的人。因此，一點也不意外的，二〇一一年五月中旬，走在法國坎城影展的紅地毯上，奪得鎂光燈注目的人是當時已經七十三歲的珍．芳達，不是那些年輕漂亮的女星們。

被稱為美國最漂亮的長者，九十歲的葛羅莉亞．范德畢爾（Gloria Vanderbilt）也很神奇。她有多漂亮、多活力無窮呢？有一年母親節，葛羅莉亞的兒子，也就是美國新聞電視台CNN的當家主播安德森．庫柏（Anderson Cooper），當仁不讓的把自己的媽媽邀請到他的節目上。當母子站在一起，四十多歲的庫柏和媽媽兩人，一個帥氣，一個漂亮，引起觀眾驚呼，怎麼一個九十歲的人絲毫沒有老態龍鍾的樣子？

不約而同的是，七十多歲的珍．芳達除了演藝工作，她還教學、寫書，並且在亞特蘭大成立一個預防未婚青少年懷孕的基金會。她在青少年的研究上花了不少的力氣和精神，也和很多年輕人一起工作。同樣的，她在老年的研究上也非常教人佩服。而葛羅莉亞當然不只是安德森．庫柏的媽媽，她設計了許多有名的牛仔褲，也是藝術家和作家，持續寫書，是一個活力無限的人。

如果你以為只有名人才如此，那就大錯特錯了。

我最近在亞特蘭大的大中華超市就遇到一位九十三歲的華裔先生，他和安德森．庫柏的媽媽不論在體態、心態，和自信上都不相上下。

原因是什麼？愈老愈精彩，愈老愈快樂，就像階梯理論一樣，一路往上爬。

所以，珍．芳達揮別媽媽自殺和躁鬱症的陰影，並勇敢的走出她自己的長期憂鬱症困擾，和三次失敗的慘痛婚姻，破繭而出，讓她的老年歲月更加燦爛，更加快樂。只因為她相信了階梯理論。

算「命」

十一年前，我帶著要上國三的女兒搭上飛往美國的班機，到美國念高中，當時我四十六歲。我告訴自己，我將會活到九十二歲。

而從那一刻開始，我不只是在美國陪讀和照顧孩子，我更為自己未來的四十六年生命規劃和奮鬥。

當時我的想法很簡單，陪著身為老么的女兒高中四年，再加上大學四年，她就可以開始走她的人生。這樣一來，八年後，我就對我的孩子們完全沒有責任了。

接下來，我最重要的責任，就是對我自己。我要為我那未來的四十六年生命負責。我和中國首席健康專家，七十四歲的萬成奎教授說的不謀而合。

我不知道當時為什麼我會認為自己將活到九十二歲。也許只是直覺；也許，就是46×2=92的簡單數學在作祟。

這都不算什麼，最近我讀到一份美國的報告說，人過五十歲生日時，若沒有心臟病和癌症，那麼，可以預期活到九十二歲。

怎麼這麼巧呢！的確，我五十歲生日時，沒有癌症也沒有心臟病。九十二歲，似乎是可以預期的。

而另一種說法是，當今的美國男人一旦跨過六十五歲，就可能會活到八十一歲。而女人就更長壽了，女人一旦跨過六十五歲，就可能活到八十四歲。這是指一般大眾而言，是平均壽命。

當然，我不是一般大眾，我是我，是獨一無二的人；而你，當然也是，是獨特的人。

更妙的是，後來我在美國大學就讀，修了老年學課程。第一堂課，我那七十幾歲的老年學教授，發給每個學生一份算命表，要我們在課堂中，算一算自己會活到幾歲。

我的一位十九歲的墨西哥裔同學的壽命最高，一百多歲。她在為我們報告時，說明她如何算出她會活到一百一十五歲。

她的祖母當時已經一百零九歲了，她的家族有長壽的因子。她不但沒有為自己有長壽基因而開心，反而說：「我才不要活到那麼老。我看到我的祖母活得真辛苦，誰也不認得，連她自己是誰都不知道。」

還有幾位同學也會活到一百多歲，原因都跟家族的長壽因子有關。其中一位美國同學倒是樂意看到自己活得長，因為她的家族不但活得長壽，而且健康快樂。可見，若健康又快樂，活得很老很老，人人要。

而我，我那一天算出來的壽命，居然還是九十二歲。你說，這樣的巧合，居然和我十一年前自己算命是一樣的，多麼奇妙！雖然我的家族短壽，我那未曾謀面的祖父母，一個活到三十九歲就再見了，另一個約四十幾歲也謝世了；而我媽媽這一邊，未曾謀面的外祖母約三十來歲就離世，我的外祖父走的時候我高一，當時他七十三歲。

即便我的爸爸有那麼短命的基因，但他二〇〇六年往生時，已經七十四歲了，足足比他的爸爸多活了三十五年，也比他的媽媽多活約三十年。

而我的九十二歲，是依據美國的科學算命法計算，包括我的家族壽命，以及我個人的生活型態等而訂出來的。你可以上https://www.livingto100.com/，輸入你的年紀、健康、飲食、運動習慣，以及父母壽命資訊，就可以為自己「算」命。

既然我會活到九十二歲，從現在起，我還有三十五年可以活，我該如何度過這三十五年的黃金歲月呢？

也許，科學再進步一點，我就會達到老年學課程所說的，現代人可以活到一百二十歲了。如果真是這樣，我不只還有三十五年可活，我還有六十三年啊！

六十三年，超過一甲子歲月呢！我還有一甲子歲月，你呢？有空的話，也為自己算一算命吧！

美國的爵士樂鋼琴家布萊克（Eubie Blake）在他的一百歲生日那天說：「如果我知道自己會活得這麼久，我就會把自己照顧得更好一點。」

好一個「如果早知道」的理論。現在，我都已經學了算命，大概算出自己會活的壽命，當然就不必「如果早知道」了，我該做的，就是把自己照顧得更好一點才是，一如萬成奎教授說的，自己照顧自己比老天爺管用。

那麼，這麼長的歲月，我該如何讓自己活下去，而且活得更精彩，更快樂呢？憂傷、沮喪、悲觀，這些字眼向來就不在我的人生字典裡。快樂、活躍、樂觀，才最符合我個人的個性和需求。

做自己

「丘引，妳很自私，我不敢相信，妳怎麼可以一直在做妳自己！」

空氣凝結了一下，字又陸續的在Gmail即時訊息打出來了。「可是，我其實也很羡慕妳，妳那麼的自由，愛做什麼就做什麼，中年還去美國上大學，不像我，大女兒在英國讀研究所，學費昂貴，我得為女兒的學費奮鬥。我還有兩個女兒，一個在高中，還有一個剛上小學。妳說，這麼沉重的負擔，叫我怎麼做我自己呢！」

我的朋友在對我說這件事時，他正沉浸在哀傷中。當時他最親愛的弟弟剛過世，他哀痛得幾乎要陣亡。透過即時訊息的一來一往，以及他對我說話的語調，我都能感覺到他的憂鬱，不禁教我為他傷心。

他才六十歲，居然口口聲聲對我說：「我已經老了，離棺材不遠了。」

我研判，這位朋友當時的身心受到很大的壓力吧！

做自己，就不會覺得自己老了。原來，做自己是回春良藥，是讓自己保持年輕的基本要素。

有一次，我到佛羅里達迪士尼附近的城市參加教會的聖誕節派對。有一位台灣來的五十幾歲生意人問我在美國做什麼，我說我在上大學。

「妳都什麼年紀了，還上大學？妳在浪費社會資源，妳愧對社會。妳這個年紀，應該奉獻社會，應該找份工作做才對。上大學是年輕人的事情，是高中剛畢業的人去做的，不是給妳這個年紀的人。」

「妳這個年紀該在納稅，在為社會奉獻。而妳呢？妳在當社會的寄生蟲！」

「我是全職的學生，我也是作家。」衝著他的話，我多做了點自我介紹。

那個人不因我的解釋而釋懷，他仍認為學習是一種浪費。對我來說，雖然他才五十多歲，但我認為他是很老的人。

一點都沒錯，這位生意人，是拱門理論派的人。

還有一次，我在亞特蘭大退休的台灣牧師家借宿幾天，向他請教生命智慧。

在聖誕夜的晚餐桌上，他語調沉重的對我說：「妳說妳已經五十幾歲了，而妳在美國大學讀數學系，妳的將來能做什麼？妳不該讀數學系的，數學系的人出來了，能做什麼？數學有用嗎？妳也不該在美國上大學，妳不但浪費錢，浪費時間，妳還浪費社會資源。」

「除了在美國大學就讀數學系，我還是作家，出了十幾本書。」我補充解釋。

沒想到，他繼續說道：「妳說妳是作家。妳告訴我，這年頭網站上有那麼多東西可以免費閱讀，誰還要買書？妳寫書，誰買書啊！沒有人願意買書，妳能賺錢嗎？我的一個教會朋友也寫書，寫了很多關於基督教的書，沒有人願意買，他現在處境落魄。」

我研判，這位退休的牧師也是拱門理論派的支持者。很顯然地，他並不快樂。而不快樂的原因，是沒有做自己，是不會說英語，也可能是恐懼老之將至。我沒授權給他擔心我，幹嘛他要為我如此憂心忡忡？

「我要找到支持階梯理論的人，要不然，我就要把我的讀者們變成階梯理論的人。」在想到以上三個人的拱門理論後，我這麼對自己說。

快樂健康是老年人的責任

美國梅約醫學中心（Mayo Clinic）是美國最被信任的醫院之一。梅約醫學中心為老年人出的一本老年健康書《Mayo Clinic on Healthy Aging》從多方面切入老年議題，從身體、心靈、頭腦、財務、老年健康照護、角色和關係，以及老年人獨立上面來探討。我們可知，長者要快樂，絕對離不開這些範圍。

長者的快樂，和一般人相比，大多是一樣的，但有些很獨特。長者歷經生命之路，人生經驗豐富，若規劃妥當，晚年階段的歲月，會是人生最漂亮和最精彩的階段，是在階梯理論的最高階上。

但也因個性和態度上的不同，加上人生的際遇差異，有些人在六十五歲的初老階段，就開始和醫院結緣，和病痛難捨難分。

要長壽又要快樂，並非遙不可及。長壽和健康來自於三個因素。而這三個因素所占的分量都相等。

遺傳，並不像一般人所想的那麼重要，充其量只占了三分之一。

生活型態，則遠比一般人想的還重要，居然也占了三分之一。

環境，則教人詫異連連，因為它也占了三分之一。

先說遺傳好了，看看自己父母和祖父母的家族健康史，就可以偵測自己的命運。我的一位美國朋友，五個手足中，其中三個人得到不止一種癌症（皮膚癌、攝護腺癌）。而他的妻子家族有乳癌史，他的四個孩子中，也有三個孩子得到不止一種癌症（皮膚癌、乳癌、攝護腺癌、血癌）。

除了遺傳，別忘了，同一個家庭的人，生活習慣相似，飲食也接近。後來，這些都被歸入了遺傳基因。例如，當我們看到胖子家族，幾乎都是胖的。因為胖子家族吃的食物一樣，可能也缺乏運動。人，是互相影響的，這也算是遺傳。

當然，面對遺傳，多數時候，我們十分無奈，就像我的美國朋友一家人中，那麼多人有癌症，但經過我的長期觀察，這名患了癌症的朋友，他的家族天天都吃很多肉，很多糖，很少吃青菜水果。而青菜水果還是罐頭或冷凍為多。

美國麻州弗雷明漢心臟病研究院（Framingham Heart Study）的心臟病專家卡斯泰利（William Castelli, M.D.）說：「我是我家族中第一個活到五十五歲還沒有冠狀動脈心臟病的人。」他因自己的家族病史而改變飲食，補充維他命E、維他命C、葉酸和綜合維他命，並改變生活型態，而他因此遠離了心臟病的威脅。

誠如美國麥克阿瑟成功老化網路研究中心（MacArthur Foundation Research Network on Successful Aging）的羅威博士（Dr. John W. Rowe）說，你該為自己最大部分的成功老化負責任，而關鍵大都是和生活型態有關。

從《百歲姊妹有話說》一書中的德拉妮家族表中，我研究出德拉妮姊妹的十個手足中，有兩個兄弟在五十多歲就過世了，有兩個是六十幾歲過世，還有一個是七十歲。整個家族，唯有兩個姊妹分別活了一百零九歲和一百零四歲。

可見，遺傳固然影響了壽命和健康，但生活型態和環境占了更多的比例。

生活型態是長年累月累積下來的，積習難改。

抽菸、喝酒、吸毒、暴飲暴食、太胖、沒有運動……會直接或間接影響糖尿病、心臟病和癌症的發展。不吃蔬菜水果，不喝水，影響所及，當然是疾病上身。日夜顛倒的生活方式，也占據相當的地位。

例如〈恰似你的溫柔〉民歌創作者梁弘志，才四十七歲就走了。知悉這個消息時，我不禁跳腳，那麼有才華，創作源源不斷的人，竟然早早就辭世。一位熟悉他生活方式的朋友告訴我，他是過慣夜生活的人，他的創作也都在夜間進行。

再說環境，空氣污染、水污染、公共衛生，占了三分之一強。而若從事的是危險的職業、或在危險環境裡工作，壽命又減少了。環境上，大多數牽涉到政府層面的責任，個人也不能免責。個人影響環境，而環境也影響個人，兩者息息相關。

例如北京和上海，這幾年因為空氣污染，癌症的人口也大幅上升。一位美國朋友研讀的是環境污染，他特別告訴我，北京和上海的空氣污染指數太高，癌症患者比例也隨之上升。但有錢的人就算只是買個菜，還是想開車。而人口那麼多的大城市，只要少部分人開車，加上石油燃燒品質低控，空氣污染就高得嚇人。

評估一下，你個人的家族遺傳、你的生活型態還有你居住的環境，你大概就知道自己會活到幾歲。

不管如何，台灣人的壽命直直往上升，和已開發國家不相上下，再過十一年，台灣老年人口將攀升到百分之二十，屬於高齡（Aged）社會，每五個人就有一個老人。老年人口直逼英國、法國和美國等已開發國家（節錄自《後青春——優雅的老》，丘引，二〇一三，寶瓶文化出版）。

雖然壽命直逼英美國家，但台灣人在老年觀念上，仍然非常的不足。長者對於健康和快樂的掌握，還是過於被動。

長者對自己的健康和快樂，其實要負最大的責任。把自己的病痛交給醫生解決，醫生也只能給三分鐘；何況，再厲害的醫師，也無法拯救不照顧自己的病人。而把自己老年的健康快樂推給子女，也無效，子女對老年一無所知，加上他們還要照顧自己的家庭，也心有餘而力不足。或者，把自己塞給政府——但你信任政府嗎？

你說，是不是自己當自己的醫生更可靠？是不是自己照顧自己更妥當？是不是把自己塞給自己更可信？靠老天爺不如靠自己啊！

既然變老是自己的事，當然要由自己負責任了。要不要健康，要不要快樂，都由自己來主導。

活出自我的後青春提案

三個分別是五十歲到七十多歲的人，顯然都不快樂，這讓我警覺到一件事：上了年紀的人，究竟有多少是不快樂的？

為此，有一些和快樂有關的議題，陸陸續續在我的腦袋生了根。

什麼樣的人會快樂呢？什麼樣的人會不快樂？快樂是天生的嗎？還是後天和環境使然？

如果他們現在不快樂，他們進入老年時（那位牧師是中老），是不是更不快樂？快樂的長者活得更好，為什麼不要快樂呢？

接著，我想更深入的探討快樂的定義。

我在歐康諾（Richard O' Connor）博士的書《終於快樂：資深心理醫師的快樂配方》（*Happy At Last*）上找到快樂的定義，那是來自於心理學家的定義，快樂是：

1. 正向感覺，也就是感覺很好。
2. 沒有負向的感覺，亦即是沒有痛苦和失望。
3. 滿意自己的生命。

而心理學家提供的三個快樂策略是：

1. 試著有更多正向感覺的同時，只有一點點負向的情緒，並朝著讓自己更滿意自己生命的目標去努力。

2. 試著控制自己的情緒，方法則是降低對自己的標準，以及不期待不可能的事情。
3. 要快樂，就要追求自己的目標和價值，用最好的策略去做最聰明的決定，然後完成自己的目標。

接著，我順手做了一下心理學家的快樂測試。

這個測試有五道題目，而答案有七個等級，任自己挑選，就看自己在每個題目下的感覺。計分方式是從1到7分。1到3分是負向的情緒，4分是中庸，不好不壞，而5到7分是正向的情緒。總分5到9分是極度不滿意，10到14是不滿意，15到19是輕度不滿意，20是中庸，21到25是輕度滿意，26到30是滿意，31到35是極度滿意。

五道題目如下：

1. 在很多方面，我的生命接近我的理想。
2. 我的生命條件非常棒。
3. 我滿意我的生命。
4. 目前為止我已擁有我生命中最重要的事物。
5. 如果我的生命可以重來，我還是要我原來的生命。

我的快樂指數分數是在最高級的，就是極度滿意。意思是，我是快樂的人。

這並不是說我的生命比別人更好，或者我擁有比別人更多的財富，或者我比別人更傑出更漂亮。而是我很滿意我的生命，因為那是我要的。而我要的，和別人要的是不一樣的。這是面對自己的生命態度，是心理上的反應。

我敢說，我需要的也不多。我的家很小，但我的世界很大。

我不是挑剔的人。更坦白的說，我不是完美主義者。我喜歡我的家，愛得不得了，那只是很小的房子，可是，我就感覺舒服極了。我也很喜歡我在美國租的公寓，每個窗戶都很大，看出去是美麗樹木和花朵，光線明亮，我愛死了。

我不是有錢人，但我也不貧窮。我的需求不高，要的不多。我很容易滿足於我所擁有的，就算只是一包泡麵，我也吃得津津有味。

對我來說，快樂，是一種選擇。我選擇快樂。快樂也是一種心態。快樂，讓我隨時笑容滿面，讓我走到哪兒，笑聲就傳到哪兒。

也有可能，我的快樂是天生的，但我相信，要快樂並不困難。主要就是要知道自己是誰，自己要什麼、不要什麼，以及自己需要什麼、不需要什麼。把自己是誰搞清楚了，就開始做自己。快樂，不就這麼簡單嗎？

你說，怎麼會簡單，有的人會不高興你這樣做。沒錯，但你可以選擇接受或拒絕啊！

如果你知道自己是誰，怎麼會任由別人掌控你呢？

前不久我聽了一場歐斯汀（Joel Osteen，《活出全新的你》〔*Become a Better You*〕作者，美國知名牧師，他的演講總是吸引非常龐大的人群）關於快樂的演講。他說，即使有人向我們抱怨或是批評我們，或者我們認為對方做錯了，我們都不必出面指正對方。

他說：「做錯事情的人，自己一定知道自己錯了。而抱怨或批評的人，也知道那是不對的。所以，不必費力氣去糾正他人，只要給對方微笑，友善對待對方，並愛對方就夠了。不必把個人的情緒放在那個人身上。」

歐斯汀要表達的是，無論對方如何，我們能做的就是去愛他人，就是給對方親切的笑容和友善的對待。他認為，很多人愛擔心，是長期養成的壞習慣，應該要培養快樂的習慣，這也是善待自己的方式，不讓自己生氣或失望，或因為別人的態度而讓自己不快樂。

對我來說，生命是用來享受的，生命是快樂的。我還希望，在我的黃金年華時，可以更快樂。

也許，你會疑惑，要怎麼樣可以更快樂？

在我看來，快樂有比較級，沒有最高級。而我認為更快樂是最恰當的人生，因為還可以一直往上增加一點。

我不喜歡最高級的快樂。因為，往上無路可走，就像那些考試一百分的人，我覺得他們太可憐了，往上沒有空間，往下掉的空間卻那麼深。

美國人說退休的人是「黃金年華」（Golden Age），是「黃金歲月」，那是最舒服最美好的時光。退休的人應該是很快樂的。而作家雖沒有所謂退休，但作家的年紀和身心，也會隨著歲月而往上遞增。上了六十五歲的初老，就開始走「黃金年華」的道路了。

要快樂，就要堅持做自己。要不然，今天有人要你走東，明天有人要你走西，你究竟該往哪兒去？就像一部車子的四個輪胎，如果其中一個輪胎的方向不一樣，車子就動不了了。

再說，我在做自己時，就不怕別人罵我，也不擔心犯眾怒。我想，罵我是他們的事情，不是我的事情。

沒有做自己，又怎麼可能真的快樂呢？

沒有快樂，那樣的人生，又是什麼樣的氣象呢？

如果人從小聽父母的，長大了，還是聽別人的，養兒育女了，就換成聽兒女的，然後一輩子為了子女勞勞碌碌，甚至，當兒女都成年了，還要繼續為孫子女奉獻，直到進棺材的那天，都還沒有機會做自己，這樣的人生，誰會滿意呢？

我不敢想像，沒有做自己，我該如何活下去。我的下半生，是不是在沒有做自己下，而活得有氣無力的，每天早上醒來時，都不願意睜開眼睛看這個世界？

不！當然不！不論別人如何說我，我還是要做自己！

我為自己做的決定負責。你知道愛爾蘭的作家、詩人兼劇作家王爾德（Oscar Wilde）怎麼說「做自己」嗎？

「做你自己，因為別人都有人做了。（Be yourself, everyone else is already taken.）」

既然別人都有人做了，我也就不需要做別人了，對不？小羅斯福在競選紐約市長時，也參與競選的史密斯很不高興小羅斯福出來攪局，但小羅斯福說：「我必須做我自己。」（I got to be myself.）

那次選舉，當選紐約市長的人是小羅斯福。後來，小羅斯福成為美國十二年的總統，不但拯救美國走出經濟大蕭條，讓美國人有飯吃，有就業機會，還把美國變成世界超強國家。

我的朋友安妮塔告訴我，過去永遠不會回來了，明天永遠沒有保證會不會來到，而今天就是禮物（Present）。因此，唯有活在當下，才是務實的。

安妮塔是八十七歲的美國人，她是我的精神導師，是《我的肯定句媽媽》（寶瓶文化出版）一書中的主角之一。退休前，她是診所的護士。

安妮塔甚至對我說：「誰知道明天我還會不會活著？誰知道明天妳還會不會醒來？」

安妮塔說：「樂觀和悲觀的差別是，樂觀的人，早上起床時說：『早安，上帝！』（Good morning, Lord!）悲觀的人則說：『好個上帝，早！』（Good Lord, morning!）」

把那兩句話讀出聲音來，你會發覺，兩者的音調不一樣，一個是上揚的，一個是下降的。一個是快樂，另一個是悲傷。

安妮塔活得很快樂，但其實她的身體狀況欠佳，背痛和膝蓋疼痛一直困擾她。很多人老了，病了，但還是快樂，例如被譽為愛因斯坦之後最偉大的科學家，史蒂芬．霍金，《時間簡史》（*A Brief History of Time*）的作者，他全身幾乎都不能動彈，也不能說話了，還是快樂的做著宇宙學研究。

由於如此，為了要讓自己的晚年更快樂，我設計了「十五個活出自我的後青春提案」。提案的計畫特別重要。下半場的人生，累積了上半場的人生經驗與智慧，用這樣的根基來規劃下半場的黃金年華快樂提案，我覺得應該不難。

我是跑過五十幾個國家的人，我曾單槍匹馬的在很落後的國家流浪，也在很先進的美國讀了九年書，我看過不少人的生命，在不同的國度，快樂的指數是有差距的。

有的人很富裕，但很不快樂，例如才結束自己生命的諧星羅賓．威廉斯。他的住家在舊金山灣區，面海，很大，像一座城堡。羅賓．威廉斯帶給全世界觀眾的歡樂數不盡，但他自己不快樂。當他發現了自己的帕金森氏症正在惡化，加上重度憂鬱症，就自己結束了生命，身後留下九億美金的遺產。

在寫這本書時，有一部分是我特地到安妮塔家寫的。她說：「如果我有九億美金，我絕對不會那麼做。我沒有九億美金，我還是不會那麼做，因為我的人生很滿足，我對自己的感覺很好，我很快樂。」

健康呢？也不例外。你相信因果關係嗎？快樂的人，比較健康。而健康的人，也比較快樂。

實際上，住在安妮塔家寫這本書，讓我更快樂。原因很多，她是很幽默和很有智慧的人，她很會做菜，我每天吃得挺開心的。她的院子有兩棵很大很高的梨子樹，樹上長滿了梨子。梨子掉得到處都是，我伸手一撿，就有有機的梨子可吃。有時我爬到梨樹上採梨子，在高高的梨樹上吃梨子，別有一番滋味，而且很刺激好玩，讓我樂不可支。還有，安妮塔種的小番茄和無花果長了很多，也是隨手可採可食。她的院子有很大的綠色草坪，沒有寫書時，我盡情的散步和練氣功。

科學家說，人快樂時，連大腦都會改變。為此，我反覆推敲，我的黃金年華快樂提案究竟要包括哪一些呢？怎麼樣才會讓我和你的老年快樂或更快樂呢？我的「十五個活出自我的後青春提案」就這樣上場了。

Chapter 1

提早做斷奶的父母

晚年要過得快樂，就不能有啃老的成年子女。
放手讓孩子飛，就是讓自己獨立，
而獨立，正是踏上快樂晚年的第一步。

為什麼會啃老？

我一直警告我自己，沒有提早做斷奶的媽媽，我的老年有可能不快樂。

第一次聽到「啃老族」三個字時，讓我異常訝異。「啃老族」的話是從中國傳到台灣的。中國有「啃老族」，因為一胎化的關係。當六個老人（祖父母、外祖父母、父母）伺候一個小孩，他們對這個小祖宗伺候得無微不至，要什麼給什麼，不要什麼也給什麼，反正，就是一直給、一直給，長久下來，小祖宗長大了，他們一路上是讓六個大人「給」過來的。一個習慣「得到」的人，又在蜜罐下長大，久而久之就不知道該「給」，也欠缺對生命的體悟。

在美國的文化中，給和得（Give and Take）之間，講究的是平衡關係。因此，美國的父母從孩子出生，就教孩子要給，如父母給你，你要給別人，給父母，給祖父母。

以CNN的當家主播庫柏為例，他是來自美國鐵路的巨富後代，紐約中央火車站的雕像，就是他的先人。庫柏原可以繼承六十億台幣的財產，他卻將遺產視為詛咒，拋棄他的繼承權。

為什麼庫柏能夠放下六十億台幣的誘惑，而一些台灣人的子女，卻等著父母的遺產或者為遺產訴訟？

台灣社會甚至有一種說法，年輕人不必努力，只要伺候好父母就行了，等著父母死掉，就可以得到父母的財產，比自己努力還划得來。

網路甚至流傳一篇文章，一個大陸很成功的乞丐，他以前是公司的市場行銷經理，工作累得要命，心想不如當一個有市場行銷概念的乞丐，更有可為。就辭掉工作，做個專職的乞丐，並將做市場行銷經理的經驗，運用在乞討上，果然他的策略奏效，乞討的錢比所有的乞丐都還高。這個乞丐不但結婚生子，買房子，甚至一週只工作四十小時，還週休兩天。

這位乞丐還很自得，說要培養他的兒子當更上一層樓的市場行銷乞丐，這樣他的兒子會成為一個很成功的乞丐，只要向對的人，也就是最有可能給錢的人伸手要錢，就可以有很好的生活品質。

讀到那篇文章時，我搖頭不已。像這樣只想伸手向人家要錢的人，和成年孩子啃老有什麼差別？

那樣的心態，是最教我不可思議的。「伸手牌」成習的人，有什麼值得驕傲的？有什麼自尊可言？

晚年要過得快樂，就不能有啃老的成年子女。要如何杜絕孩子啃老呢？

白手起家

庫柏拋棄六十億台幣繼承權，個人不但需要有很大的勇氣和拒絕金錢誘惑的意志，同時要承擔來自家族和男友（庫柏是男同志）的壓力，如果對方是個想要不勞而獲的人。在他的自傳中，才五十歲不到的庫柏說，他從小的家教就是要靠自己，要白手起家。而且，兩個至親的死亡，影響他終身。

庫柏十歲時，作家父親突然心臟病發走了，讓他面對死亡的陰影，開始害怕死亡；十年後，他的哥哥從紐約市住家十四樓往下一跳，結束了生命。這更教庫柏害怕死亡，他開始思索自己的生命意義和價值觀。最後，庫柏得出一個結論，害怕死亡，就直接面對死亡的可怕，並付諸行動。

高中畢業時，庫柏一個人到非洲流浪了幾個月，他在索馬利亞得了瘧疾，又在肯亞住院一段時間。這樣的經驗沒有打倒他，在進入耶魯大學就讀後，庫柏還到越南住了一年，在那兒學習越南話。

大學畢業後，庫柏不是到家大業大的自家企業工作，也沒有透過他的母親（美國超級名人葛羅莉亞）找到一份好工作。主修政治學的庫柏並沒有新聞專業背景或素養，卻對新聞業興致勃勃。畢業後庫柏失業了一陣子，然後假造了一張記者證，帶著一台攝影機，就一個人到亞洲的一些戰亂國家去拍攝戰爭和死亡的紀錄，然後將他拍的影片，在美國的一些媒體發表。

雖然出生入死，庫柏還是沒有為自己找到在電視台的記者工作。後來庫柏又到非洲去，只要有戰爭和死亡的地方就有他，甚至連美國本土發生的卡崔娜颶風，多少人喪失生命，庫柏也沒有缺席。

庫柏後來被ＣＮＮ這個以二十四小時連播而聞名的新聞電視台錄用，就一路頻頻得獎，尤其是他主持的《安德森・庫柏360度》（Anderson Cooper 360°）更得獎無數。

在亞特蘭大ＣＮＮ總部的電視牆上，就是以庫柏作為廣告，「安德森・庫柏讓他們誠實。」（Anderson Cooper is Keeping Them Honest.）

庫柏的家族很富裕，他的媽媽葛羅莉亞出生十八個月，爸爸就過世，她繼承五百萬美金的龐大財產（一九三〇年代的五百萬美金是相當大的數目），但她靠自己的才華和努力，爭出自己的一片天。她不只是很有名的牛仔褲設計者，是作家，還是藝術家。而她的兒子庫柏，也沒有被寵壞，所以才有今天。

就如庫柏透過ＣＮＮ對外宣布放棄繼承六十億台幣時說的：「如果我當初想，我有一筆龐大的財產可以繼承，我會為自己開創出屬於自己的事業嗎？」

他說對了。庫柏現在是年薪三億的新聞主播。除了住家，他還擁有自己的度假別墅，而這一切，都是靠他自己賺來的。

獨立：為自己負責任

「啃老族」的產生，父母要負很大的責任。父母從小保護孩子，為孩子做牛做馬，還一味的餵養孩子在蜜罐中，讓孩子心智上弱智的認為，靠父母就行了。

不只這樣，台灣社會一直強調「在家靠父母，出外靠朋友」，更是將人的獨立性降到最低。一路都「靠」人，就是沒有靠自己，這種社會價值觀，是不是偏差了？

撫養孩子長大，不是只給孩子吃的，也要教導，最重要的是教養孩子成為獨立的大人。所謂的獨立，就是獨立自主、獨立生存，對自己負責任。

有一對台灣夫妻移民美國多年，他們逢人就抱怨，說他們在美國的親戚沒有幫助他們，讓他們在美國過得很不如意。我問清了詳細情況，他們移民美國是手足幫他們申請的。而他們所謂的沒有幫忙，意思是沒有幫忙他們找房子、買房子、找工作、為孩子找學校，以及給他們所有他們需要的資訊……

原來如此！我終於豁然開朗了。他們的抱怨，主要的關鍵點，還是依賴心在作祟，即便到了六十歲了，他們移民美國還想依靠手足的幫忙。但這和美國的獨立精神相衝突，美國的社會不會保護一個人無微不至。手足幫忙申請移民美國，讓這對夫妻有機會成為美國公民，住在美國，又可以合法找工作，這就已經足夠了。其他的，當然要靠自己了。

一旦人有依賴心，責任感就不會建立起來。每個人都是要靠自己的，而這個靠自己，就是自己對自己負責任。你要過好的生活，你要去努力工作，要想辦法開創自己的事業，而不是坐在家裡不學新的語言（如在美國，就應學英文），不入境隨俗（參與社區和社會），不找工作（為自己找出路）。

責任，是伴隨獨立而來。責任，也和自由度相輔相成。要多大的自由，就要負起相當的責任。一個人長大了，不為自己負責，卻抱怨別人沒有為自己負責，基本上，觀念上就大錯特錯了。你的人生，你負責，不是嗎？

我在美國的人生導師安妮塔告訴我，前幾天她的六十七歲兒子亞倫對她說：「媽媽，我還記得我大約五歲時，有一次，大家都在吃藍莓，而我問妳，我的藍莓呢？妳說，你的藍莓還長在叢林裡，你要自己去採藍莓。於是，我自己就在那附近的叢林採藍莓。」

那次的採藍莓經驗教會了亞倫一輩子為自己負責任的觀念。他開始養成凡事都要靠自己的習慣。

我的朋友喬治六十歲生日派對時，邀了六十個人參加他的〇〇七生日化妝派

對。生日派對上提供了很多食物，都是喬治和他的手足及各家孩子一起自製的。派對過後，他們甚至舉辦了家族的烹飪大賽，每一家都要做出一些食物讓被邀請來的鄰居們品嘗，評分。我是品嘗人和評分者。另外，還有模有樣的設定品評人、頒獎人、獎品，和節目主持人等。

我問喬治，怎麼他和他的弟弟妹妹都那麼會做菜，而且很欣然愉悅的做菜，甚至是享受做菜？

喬治對我說，當他十五歲時，有天他母親對他說：「你肚子餓了吧？喬治。」

喬治點點頭，說：「是的，媽媽。」

他沒想到他媽媽指著廚房的冰箱說，那裡面有你需要的食物。另外，他媽媽又指著爐子附近的一些佐料說：「那些佐料是你做菜時讓菜更好吃的好東西。」

指完冰箱和佐料，喬治的媽媽接著說：「喬治，從現在開始，你肚子餓了，就自己下廚吧！你不下廚，就餓吧！」

喬治的媽媽說完話，兩手一揮，繼續坐著。

從那時候開始，喬治開始自己下廚學做菜，也從那時開始跟著媽媽學習做菜。結婚後，喬治和太太一起下廚做菜，他甚至連麵條都從麵粉做起。

如今，喬治在孫子女來訪時，還會教孫子女做菜。也因為喬治和太太在婚姻中，一直是兩人一起做菜，他們的三個女兒有樣學樣，也跟著爸爸媽媽學做菜，也愛做菜。甚至在我與他們相處時，他們一家五口一起在廚房做菜時，三個女兒和太太還在廚房一邊做菜一邊跳舞。

什麼是天倫之樂？那就是我看到的天倫之樂。三個女孩在廚房跳勁舞，還做了一桌的美味。六十歲的女人，一邊做菜，一邊跳舞，那就是浪漫，就是年輕。

搬出父母的家

美國人的文化，孩子一旦十八歲，父母會將孩子踢出門。就算父母沒有將孩子踢出門，孩子自己也會為了自己的自由，而搬出父母的家獨立租房子。

那些和父母共居的成年人（十八歲以上），會換來別人異樣的眼光，人家會想：「你這個人怎麼了？是不是有毛病？這麼大了，還和父母住一起？」不獨立的人，在美國會生存得很不自在。美國整體社會，從小到老，都要大家獨立。當每個人都獨立了，整個社會的生產力就提高了，而且，大家也因獨立而更自由了。

在台灣，年輕人或年老父母會說，房價那麼高，買不起，就和父母一起住吧，大家又有個照應，還免付房租。就這樣，大學畢業了，找到工作了，住在家裡，吃在家裡，用在家裡，而工作所得是放到個人的皮包去了，還認為理所當然。

奇怪了，天下有白吃的午餐嗎？為什麼父母會給孩子白吃的午餐呢？這不是害孩子嗎？萬一這樣的人成為台灣未來的領導人，你不怕嗎？我嚇得屁滾尿流。

二〇一三年，我在台北看表演時，遇到了一位到台大當交換學生的瑞士人，他告訴我，瑞士的房價太高了，高得可怕。

「我再怎麼努力工作，也不可能在瑞士買房子，像我這樣的年輕人在瑞士比比皆是。所以，我們就不買房子，而用租的。我們的收入，一定要計算一筆租金在內才行。」

我問他，既然瑞士的房價那麼高，他的父母會讓他和父母一起居住嗎？

他說得很巧妙，「那不是我們的文化。」

我的兒子從軍中退伍後，就找到工作了。他一直住在家裡，我對他說，他需要支付房租。而我給他的房租彈性很大，在那之間，他可以選擇他要支付的額度。

《百歲姊妹有話說》一書中，德拉妮的哥哥醫學院畢業後要結婚了，當時整體美國社會種族隔離還很嚴重，黑人在外面並不好過。因此，他要將妻子帶回家住，但他們的牧師爸爸立刻阻止，「不行。這個房子是你們媽媽的。一個蜂窩不能有兩隻母蜂。」

結婚和成家是一體兩面，就如德拉妮的爸爸說的。結婚，就得搬出父母的家。

在我的兒子要結婚之前，我告訴他，結婚後他就得搬出去，建立自己的家。二○一三年，我特地從美國回台灣幾個月，請孩子們搬出去。在做這件事前，我曾對一些朋友和親戚談起，有人不以為然，認為我太過分，太沒人情味了。

我這麼做，是非常有正當性的。我十六歲就離家到台北半工半讀。我獨立了一輩子。而我的孩子長大了，自然要獨立。而結婚，代表的就是要成立自己的家了。雖然有正當性，但我的內心不是沒有掙扎。可是，一個聲音不斷的在呼喊：「要幫助孩子獨立，才是真的愛他們。要不然，有一天妳離開這個世界了，孩子怎麼辦？」

雖然我不是基督徒，但我非常喜愛《聖經》裡說的，「你要離開你的父母，和另一個人組成自己的家。」

長大，不是只有身體形狀變大而已。內心也要長大。而長大絕對和獨立是相等的。我們一路教養孩子，不是在教孩子獨立嗎？這個獨立，當然一定要有獨立生存的能力才是。而獨立和責任則是雙胞胎。要獨立，就要負起自己的責任。獨立的定義是什麼呢？就是自由，就是負責任的開始。

孩子搬出父母的家成立自己的家庭時，也表示跟父母完全斷奶了。我非常深信美國人說的：「一分耕耘，一分收穫」（No Pain, No Earn）。從英文字面上來看，「沒有痛，就沒有賺」，那才真的是一分耕耘一分收穫啊！

美國著名心理學家，也是電視主持人菲爾博士（Dr. Phil）處理不少成年子女要自由卻不願獨立的事件，他主張老年父母和成年子女之間需要有界線，而在建立這個界線時，父母不需要有內疚感。

成年孩子會說：「我辦不到，我必須住在這裡。」上了年紀的父母聽到這樣就就有罪惡感，就想：「對啊！房租那麼高，孩子幹嘛要付租金？」

菲爾博士說，成年子女沒有獨立，就會成為跛腳的成年人。「他們必須要計畫過自己的生活。父母可以指導和支持，但不能替子女規劃和負責。一旦成年，他們必須搬出父母的家和學習成熟，探索自己的未來。」

西方古諺說，為孩子做多，害孩子也多。菲爾博士主張父母要讓成年子女認識真實的世界是怎樣。「如果你幫助孩子是在讓自己感覺良好，你並不是真的在幫助孩子。」他說。另外，菲爾博士強調，父母一定要思考幫助的「意義」是什麼。愛孩子，就是為他們獨立做準備，教他們獨立的能力。唯有「自給自足」，才能真的提高人的自尊心。

「我們幫助人的時候，並不剝奪一個人『自給自足』的能力。如果沒有思考幫助的深層意義時，父母對成年子女的幫忙，可能就會讓孩子跛腳。」菲爾博士建議父母一定要思考，幫助成年孩子的真正「意義」是什麼。

Chapter 2

正確金錢觀，給晚年更多安全感

財產，是供你活著時使用，想用在哪些方面，自己掌控最大的決定權。保持經濟獨立，捍衛自身的權益，是給自己保障，也是對晚輩的體貼。

誰的錢？

請相信我，沒有搞好錢的關係，你的晚年不會快樂。

有一個朋友告訴我他朋友的故事，那個故事非常震撼我。事情是這樣的，我朋友的朋友退休後，非常享受他的退休生活。他開始花錢做這個，享受那個。

沒想到，他的退休享受卻引來他一對子女的憤怒。他不懂為什麼子女要生氣爸爸享受他的退休生活。

一段時間後，他才恍然大悟：原來他的子女認為，爸爸是在花他們的錢。

怎麼會這樣呢？

「那錢不是爸爸賺的嗎？」我問。

「沒錯，雖然錢是爸爸辛苦工作賺來、存起來的錢，但他的子女認為，那些錢是他們的，如果爸爸沒有花掉的話。」我的朋友為我解釋，但我還是沒有開竅。

「不會吧！子女干預爸爸享受他自己賺來的錢？」我還是摸不著頭腦地問。

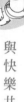

「是的。他的子女認為爸爸所有的錢，包括房子等不動產都是子女的。」

「哇！這數學怎麼是這樣算的？我這個數學系出來的人，都覺得這個數學方程式是錯誤的，而且邏輯也不通。誰賺的誰花，要不然賺錢幹嘛？沒有賺的人，就沒有貢獻，還想要鳩占鵲巢，天底下哪有這樣的道理？這不是強盜是什麼？」我心裡忿忿不平，怎麼受過教育的人，連這麼一點道理都不懂呢！

說這個故事的朋友，也是一個頭腦不清楚的人。他對自己的孩子們說，總有一天，家要讓給孩子們住，而他將會搬出去。

我問他，房子是孩子們買的嗎？

「當然不是。那是我買的，我還供應他們吃穿，每天做飯給他們吃。他們上班賺的錢歸屬於他們自己。換句話說，他們吃公的，賺私的。」

怎麼有這樣的父母呢？孩子對父母財產的觀念錯誤，是來自於父母讓他們認為，父母的財產就是子女的財產。但「子女的財產，是父母的財產嗎？」子女們可能會說：「那怎麼可能！」

講理，總需要邏輯觀念。邏輯一旦不通，那條路就成了死巷，前進不得。不講理的人，多嗎？也許吧。太多的「想當然耳」，是邏輯不通的致命因素。邏輯不通，是因懶惰思考，是因強詞奪理，是因循傳統，是……

我對我的一雙成年子女說：「我的錢是我的，你們賺的錢歸你們。我的房子是我的，你們買的房子歸你們的。我要怎麼花我的錢，那是我的權利，任何人干預不得。」

捍衛我自己的權益，就算是親人，也輕忽不得。把話說清楚，以免遭致沒有必要的誤會，引起不必要的麻煩。

成年孩子不但不能覬覦父母的財產，還要尊重父母對自己錢財的使用和分配，子女不該也不能有任何意見。這是丘引定律。

算命再算錢

台灣的長者老了，要賺錢的機會很低，只有百分之七的工作機會。準備錢的事情，就需要格外的謹慎，尤其老年女性通常活得比男性久，若是喪偶或離婚，經濟能力更低，需要養老的錢更多。

至於，到底需要存多少錢才夠養老？美國的理財計畫專家沙伐茁（Terry Savage）在他的書《你需要多少錢才夠退休後的生活？》（*The New Savage Number: How Much Money Do You Really Need to Retire?*）中告訴要退休的人，從三個面向來著手，以計算自己需要存多少錢才足夠。

(1) 我將活到幾歲？

(2)解決錢的方式，主要有三個：

1. 工作更久才退休。
2. 降低生活標準。
3. 現在開始存更多錢。

(3)找一個信得過的專家，請他給予理財建議，包括如何存款，和投資等。

當你算出自己可能活到幾歲後（請參考〈前言〉），可上非營利網站www.choosetosave.org，按下「Ballpark Estimate」，這個網站會幫助你計算出你養老所需要的是多少錢。

二〇一四年有不少聽眾在演講場合問我該不該現在就把不動產或現金股票等分配或過戶給成年子女？在思考這個問題時，要先將觀念釐清。

財產，是供你活著時使用。遺產，是你沒花光死掉留下的。這也是丘引定律。

如果沒有依照這樣的守則，一定要回到「自己還會活多少年」這樣的準則來定。否則，萬一錢給出去了，卻活了超過自己的預估歲數，那就慘不忍睹了。

如果你會活到一百歲，還有四十年要過，你不知道的事情包括：物價指數到時候會漲多少？你的存款二十年後是不是變薄了？你看醫生的機會愈來愈多，醫療費用要多少？生活費要多少？娛樂費用？旅行費用？聘請外勞照顧自己的費用，或者

養老院或護理之家的費用？你雖然可能已付清了房貸，也沒有任何其他貸款，但房子要整修維護，還要納稅，也需要錢。

做這些思考，你需要花很長時間，但我認為這是值得的。給出去的錢，就算對象是有血緣的子女，以人性角度來看，有如肉包子打狗，要回來的機率太低。走在黃金歲月的人，務必調整思考順序，以自己為優先。你要瞭解，當你老的時候，是你在養自己，在照顧自己，不是你的孩子，也不是你的配偶或其他人在養你，在照顧你。你要記得吳念真導演說的話，你是第一代被子女拋棄的人。

家人反目，時有所聞

最近台灣有則新聞，有一個姊姊照顧失智的爸爸，她利用照顧的機會偽造父親對自己欠下債務的證據。爸爸過世時，她告訴弟弟妹妹們，父親負債，要弟妹拋棄繼承權，否則就要承擔父親的債務。弟弟妹妹們信以為真，便拋棄了繼承權。

後來妹妹查父親的銀行往來紀錄，發現爸爸的帳戶內並沒有巨額金錢往來，怎不像有欠債的跡象，而那「三千萬的債主」原來是姊姊。父親名下原有一億多元的財產，你說，這件事情，在法院怎麼可能不鬧得沸沸揚揚？法官問姊姊關於父親欠她錢的事情，姊姊打高空。姊弟妹三人的法院訴訟，就此沒完沒了。

從事律師行業已經二十六年的新天地法律事務所王嘉寧律師，經手太多類似的案子。很多人到了晚年，都被遺囑和金錢管理不當搞得晚年落魄淒涼不說，子女和老年父母的關係也成了拉鋸戰，親子關係撕裂破滅。

因此，近幾年，王嘉寧律師到處演講關於遺囑和金錢的事宜，希望透過演講來教育民眾，該如何處理遺產，把金錢處理得更妥當，才沒有後顧之憂。

同時，王嘉寧律師也發現台灣的民眾對於法律的常識非常匱乏，常道聽塗說，得不償失。例如，很多人為了逃避遺產稅，生前就把自己名下的財產金錢過戶給成年子女，有的子女拿到父母的財產了，就不甩父母，對父母的態度惡劣。

王嘉寧律師說：「台灣的遺產稅有免稅額，而且免稅額是以公告市值計算。公告市值和一般市場的房屋價格有很大的差距。因此，很多人的財產根本是不必支付遺產稅的。」

「如果不確定自己的財產是否符合免遺產稅資格，可以找代書幫忙計算一下。」王嘉寧律師認為，一般人在處理和金錢有關的問題時，若超過自己的知識和能力時，建議找專業人員協助。

我上網到國稅局網站查詢，新遺產稅法免稅額度是一千兩百萬元。而遺產稅的計算公式（遺產價值之計算，以被繼承人死亡時之時價為準）如下：

（遺產總額）減（免稅額）減（扣除額）＝課稅遺產淨額

（課稅遺產淨額）乘（稅率）減（累進差額）減（扣抵稅額及利息）＝應納遺產稅額

王嘉寧律師經手過太多案例，她說，台灣的老年父母，常常太偏愛其中一個子女，而討厭另外的子女，在這種情況下，父母在安排遺囑上不但不能公平，而且常給自己偏愛的子女帶來不幸，變成愛之，反而害之。

「我愛兒子，不愛女兒，所以，我要把全部的財產統統給兒子，完全不給女兒。」或者「我愛女兒，討厭無所事事的兒子，我要把全部財產留給女兒，不給兒子。」或是「我愛其中兩個孩子，但不喜歡另一個孩子，我的財產要二分給這兩個孩子，不給討厭的那個孩子。」這樣的話，不只我們平時常聽到老年父母私下說，也真的在執行遺囑時如實呈現。

而這樣的偏私觀念，讓父母給自己的晚年帶來最大的不幸。王嘉寧律師說：「法律，就是人的關係。而人，就牽涉到人性。父母在處理財產或遺囑時，一定要考慮到人性。而金錢則是最考驗人性的，平時彬彬有禮，受到良好高深教育的人，碰到金錢，人性就完全顯露出來了，那些惡劣狀況，我經手太多了。」

例如有一位案主是退休罹患癌症的公務人員，住在台北市鬧區的老舊住家。她的三十幾歲兒子住家裡、吃家裡，怎麼樣都不肯搬出老媽媽的家，還向患了癌症的老媽媽伸手要錢。要不到錢，就惡形惡狀的罵媽媽，天天忤逆媽媽。兒子雖然有工作和收入，但在他的想法裡，退休的媽媽每個月有五、六萬元退休收入，「老人家要錢幹嘛？既然老人家不必用錢，媽媽怎麼還那麼小氣，不把她的退休金給我花？」而媽媽癌症在身，有時無法下廚做菜，要兒子外出幫忙買便當，兒子還不肯，讓老媽媽又餓又氣。

這位退休的媽媽因此氣憤的對王嘉寧律師說，她要把自己的全部財產寫在遺囑裡，全數都給女兒。

王嘉寧律師說，萬萬不可。若妳這樣立遺囑，將來兒子到法院告女兒，會把女兒給告慘了。「何況，法律上規定，不論妳的兒子如何不肖，如果妳這麼做，妳就違反了特留。妳的兒子有權到法院告妳的女兒，而透過法律訴訟，他還是會拿到特留部分的錢。」

認識特留分

要問什麼是違反特留，首先，我們應該要瞭解什麼是特留？

王嘉寧律師解釋：「例如一個女人有一千萬財產，她有丈夫和一個孩子。那麼，她的丈夫和孩子照理應該可以各得五百萬財產，也就是二分之一。但是丈夫很會賺錢，女人希望把更多的錢留給不是很會賺錢的孩子，因此，她可以在遺囑裡給丈夫兩百五十萬元，也就是她的財產的四分之一，這樣孩子就不會被爸爸告到法院。而這四分之一的兩百五十萬元，就是特別保留部分，簡稱特留。」

「那怎麼辦？我氣不過啊！」那位老媽媽可從來沒想到台灣的法律還保障壞人。

認識喪失繼承權

「法律上有『喪失繼承權』的處置，這時，就可以一毛錢都不給這樣的孩子，但那決定非常重大，一般人不會達到喪失繼承權的程度。例如你的孩子愛賭博，欠了一屁股賭債，但他沒偷也沒搶，他就仍然有權利得到他的特留分。」

如果老年爸爸有三個子女，本來在法律上，孩子繼承權應是各得三分之一。若其中一個是他的最愛，而這位爸爸要將他的全部財產都留給他最愛的那個孩子，還是萬萬不可。不過他可以調整孩子繼承的比例，如兩個不受寵的孩子各得六分之一，最愛的孩子得到三分之二。

調整作法，信託去

因此，以這位退休公務員老媽媽的案例來看，王嘉寧律師建議她把值錢的台北市鬧區沒有電梯的老住家（不動產）賣掉，取得高額現金，轉往新北市，去買一間坪數小，但有電梯的漂亮小公寓，這樣一來，年邁的媽媽進出方便又安全，同時，新北市的房價還比台北市鬧區便宜很多。

這樣，在明的部分，她給兒子女兒各兩百萬元現金，消除了兒子的怨恨之心。暗的呢，就是在買房子時，以別人信託名義登記，例如將房子登記在信任的姊妹或親朋好友、會計師、律師，或銀行名下，不讓兒子知道，並在信託上註明，自己過世後，房子歸屬女兒。

因為是信託的關係，不屬於遺囑，如此便解決了老媽媽的困擾。

王嘉寧律師認為，信託制度是很好的制度，對長者最有保障，可以以信任的親友、律師、會計師為委託信託的對象，是長者的另外一種選擇。

信託時，委託人和受託人簽訂信託契約，指定用途，期限多久，信託人會照自己的意願執行。

因為信託時，財產不是在自己的名下，所以不是遺囑，假如到了老年，不能自己照顧自己時，信託還可以支付聘請外勞照顧的費用，甚至最後安排到安養院等事宜。

信託的方式有兩種，如下：

1. **遺囑信託**：例如在信託時，寫上「我的遺產內……要做信託」等字樣。
2. **信託契約**：將財產過戶到信託人的名下，做成信託契約，可以指定用途。例如當你罹患老年失智症時，做為照顧你生病的基金。又例如著名影歌星梅艷芳於二〇〇三年因子宮頸癌過世，她的財產都信託給匯豐信託管理，她的媽媽每個月可從信託處領到一筆生活費。梅艷芳當初以信託方式處理她的財產，就是考慮到媽媽愛花錢，會很快就把錢花光，她的作法是保護了愛花錢的媽媽，不至於晚年淒涼。

認識遺囑

台灣的遺囑有幾種方式，包括自書遺囑、代筆遺囑、錄音遺囑、公證遺囑等等。每種遺囑各有其不同作法，如下：

1. **自書遺囑**：得要自己書寫的，也就是親筆寫的才算，電腦打字印出來的不算自書遺囑。你可以將律師擬的遺囑格式抄寫下來，這樣也是自書遺囑。

2. **代筆遺囑**：請別人代筆寫遺囑。

3. **錄音遺囑**：在緊急情況下，用錄音的方式做為遺囑。

4. **公證遺囑**：遺囑需要經過公證人公證。

認識繼承的順位

在台灣，有配偶和子女的人，其繼承順位是配偶和子女第一優先，而且是平等的。接下來，第二順位是父母，第三順位是手足，第四順位是祖父母。這是以有配偶子女者的狀況來考量。

如今有愈來愈多的終身單身人士，他（她）們沒有結婚，沒有子女，或者也已沒有父母，他（她）們的繼承順位和有配偶子女的人就不一樣。

王嘉寧律師建議，單身的人也要立遺囑，要不然等到自己走後，財產可能就跑到國有財產局的名下了。

單身者的遺囑可以指定給家扶中心照顧兒童，或者捐給失智老人之家照顧失智老人，甚至成立獎學金……總之，把自己的遺產贈與給真正需要的人，讓自己在離

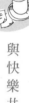

開世界後，還可以貢獻社會，讓社會更美好。

單身人的繼承順位是：父母優先，手足其次，再來是祖父母。若父母都已經過世，手足就變成第一順位。不過，當事人本身可能和手足關係不佳，少有往來，那麼，又何必非把自己的財產留給手足呢？

王嘉寧律師說，她認識一位一百多歲的祖母，就因單身的孫女沒有其他繼承人，在她一百多歲後，繼承了孫女可觀的財產，讓她的老年生活鍍金，過得如意極了，堪稱老年快樂萬歲。

瞭解人性很難看

王嘉寧律師認識一位很有錢的長者，她分別在台灣和美國都有龐大的財產，台灣的財產聘請了台灣的律師處理，而美國的財產則聘請美國律師處理。

這位老媽媽有兩個孩子，兒子是重點栽培的對象，擁有美國醫學博士的學歷，也是醫生。這位醫生博士長得斯文好看，平時非常有禮貌。

然而，老媽媽在二〇〇〇年過世後，至今仍不得下葬。生前，老媽媽以兒子的名義買了靈骨塔，需要兒子簽字同意，老媽媽才能下葬。但是，已經拿到很多遺產的兒子還要更多錢。因此，他分別在台灣和美國各聘請律師告手足偽造文書、偷竊……

這位醫學博士不願簽字讓媽媽下葬，想要以此要脅姊姊給予更多公司股份、現金，和不動產。姊弟倆都不服輸，最後姊姊被告到罹患了重度憂鬱症。

還有一個案例是，有對夫妻，他們照顧中風的父母十年，但父母最後還是將大部分的財產留給在美國定居的大兒子，讓照顧父母的老二夫妻難以心平氣和。

「台灣有太多父母會偏心，特別疼愛長子、么兒，和嘴巴甜的孩子，而那些默默做事的孩子就吃虧。」王嘉寧律師說，台灣父母在此展現的性格，是很偏差的。

「人性，在碰到錢時，就很容易走樣，或原形畢露，事情就變得很難看。一般人平時沒有遇到壞人，不知道人性可以壞到什麼程度，而且人性也和教育程度和身分無關。」王嘉寧律師說，也就是因為這樣，所以，在處理財產或遺囑時，一定要將「人性」放在第一順位考慮。

找律師，貨問三家不吃虧

五年前開始，台灣的合格律師突然暴增了，每年增加一千名律師，「只要高考及格，就可以拿到律師證。」

而台灣的中產階級，不但普遍對律師陌生，多數的台灣人，也一輩子沒有和律師交手過，更不會去認識律師，或和律師做朋友。因此，當他們需要律師幫忙處理疑難雜症時，就很難做正確的決定，找到對的律師。

王嘉寧律師說，遺囑，是不一樣的法律。寫遺囑的人，大多數是年老的人，他們的社會歷練比年輕律師經驗多，因此，若找年輕沒有人生經驗的律師幫忙處理遺囑問題，可能就不太恰當。

有些人以為花個五、六千元找一個沒經驗的律師寫遺囑就好，王嘉寧律師不以為然。她說，若要寫遺囑，還是要找有處理遺囑經驗的律師比較得宜。

那麼，該如何找到適當的律師，為自己執行遺囑呢？

王嘉寧律師提供一個普遍準則如下：

1. 多問幾位律師。
2. 找人生經驗豐富的律師。
3. 找和你有互動的律師。
4. 找會修正你的遺囑的律師。
5. 找以人性為考量的律師。

想要找到最好的律師，就要不厭其煩的行動和思考。王嘉寧律師以鳳飛飛為例子來說明，鳳飛飛的律師，就是王嘉寧口中非常好的律師。鳳飛飛的律師將鳳飛飛的意願處理得恰到好處，連鳳飛飛的粉絲都兼顧到了，考慮層面非常寬廣。

而有家族律師的人是例外，家族律師因長年參與家族的事務，對家族的關係瞭解夠深。王嘉寧律師指出，還是要衡量自己的情況，去找到適當的律師。

遺囑的兩大塊版圖

此外，王嘉寧律師認為，遺囑有兩大塊區域版圖，一定要遵守，才不會讓自己晚年不快樂，甚至憂鬱。

第一個版圖是，要寫出合乎法律規定的遺囑。

第二個版圖是，遺囑能不能落實在繼承人身上，執行會不會有糾紛，也就是要考慮到人性。

因此，找律師時，一定要找懂人性的律師，願意花時間傾聽你的問題，以及你和繼承人間的關係和過往。但這樣的律師個性得要夠熱心，唯有這樣個性的律師，才願意花時間傾聽和瞭解，以幫助你做最恰當的遺囑建議，並修正你的遺囑。

「如果律師完全照你的意願寫遺囑，沒有給予專業的建議，花錢聘請律師的意義何在？」王嘉寧律師提醒，這是一般人需要思考聘請律師處理遺囑的方向。

就是在遺囑和財產分配上看到太多人性衝突，王嘉寧律師才不遺餘力的推廣遺囑，希望每個人都立下一份本著人性考量，可以執行又合乎法律的遺囑。

對王嘉寧律師來說，自己經手的遺囑若在執行上沒有衝突，沒有負面效應出現，展現了特有的專業能力，就是她最安慰的時刻。「如果我的案主的遺囑合法，執行時卻還是鬧得滿城風雨，給當事人帶來煩惱，那就代表我這個律師太遜了。」她說。

預防勝於一切

如何防患於未然，是長者必須考慮的重點。這就代表遺囑要事先規劃，而不是臨時起意，讓自己不得安寧，甚至因沒有處理得宜而不能瞑目。

「將財產平等分配，先做好規劃，並保留一部分信託起來。」王嘉寧律師認為這是對長者有利的思考，以長者自己的需求為優先考慮，是長者讓自己老有所終，又可笑傲天堂的作法。

「有的遺囑是律師擬稿和見證，但因沒考慮到人性現實面，無法落實執行，父母死後，繼承人就告到法院去。」王嘉寧律師舉出台灣非常有名的企業家後代做為例子，案主在父親離世後，在法院告到難分難解。

「難道他們沒有會計師和律師嗎？那麼有錢的企業家當然會聘請專業的會計師和律師，但就是沒有考慮到人性現實面，才會讓自己死後，子女的衝突不斷。就算入土了，又怎麼會安呢？」王嘉寧律師說。

挑戰自己的思考

「即使是一份有效的遺囑，但繼承得太少，心理不平衡，繼承人就會到法院提起訴訟。」這是人性基本的弱點之一。

最不乖的那個孩子，會無所不用其極的上法院告其他孩子。不乖的告乖的，父母可曾想到這樣的下場？

如果是父慈子孝，兄友弟恭，夫妻恩愛，這樣的情況，立遺囑的必要性就不強。這些人會把錢分配得好好的，照父母的心願執行，再將有價值的收藏品做適當分配，例如父母最想把哪一幅畫給哪個孩子，或者哪個孩子最愛哪幅畫，就給那個孩子。

像這樣的情況，王嘉寧說，遺囑的作用就簡單多了。但是，站在人性面來考慮，老年父母預立遺囑，還是絕對必要，即便財產不多，也應當規劃好。

預立遺囑，其實是自己的責任。如果往這個層面思考，遺囑的客觀性就強多了。立遺囑，就是依據自己的意願，也減少後人的衝突，這是立遺囑的基本精神。

若讀者仍然有關於個人遺囑上的疑惑，可以請教專業律師。

Chapter 3

學習，讓人永保年輕

「學習永遠不嫌遲。」中老年人在學習的路上，一定會有挫折，但在跨越挫折的同時，也提升了面對挫折的能耐。能力提升了，快樂就跟著來。

你知道，當我們進入黃金年華（Golden Age）時，腦容量就變小了嗎？而且，你知道大腦是不用則廢（Use it or lose it）嗎？

頭腦也要做體操

就是因為頭腦不用則廢，所以，年長的人要不斷學習，讓自己的頭腦維持不變、甚至變大，至少不能降低腦部的功能。而要讓頭腦不退化，就得靠學習。萬一在學習過程中，覺得自己的記憶力很差，最好就適時補充維他命E。總而言之，頭腦就像刀子一樣，是愈磨愈光，愈磨愈利。

前陣子，我在旅行時遇到一對分別是九十歲和八十二歲的夫妻，他們開了三個小時的車來旅行。九十歲的查理，是物理專業退休的，我們一談起數學和物理，他的犀利頭腦和思考真教我佩服極了，他還教我要怎麼才能學好物理。查理，就是因為不斷學習的關係，才會有那麼敏銳的頭腦，和熱情的心態。

我很喜歡美國人說的一句話，「學習永遠不嫌遲。」意思是不論你多大年紀，只要你願意，隨時都可以學習。你可以學習新的知識，新的技能，新的語言……

再舉一例，我在美東一個人展開為期六個月的開車旅行時，我在新罕布夏州的一個接待家庭的女主人愛麗斯，她都七十三歲了，還是每天抽出時間，坐在電腦前學習義大利語。愛麗斯是退休的電腦工程師，也是語言學家，是柏克萊的語言博士。愛麗斯和丈夫住在東岸的鄉下，那兒沒有語言學家的用武之地，她在孩子上學後，便回到大學重讀四年，研習電腦軟體，後來在那個領域工作得很愉快，她的收入還能供應兩個兒子上麻省理工學院。

原本愛麗斯就會七八種語言了，退休後，她還是繼續學習新的語言。在學了義大利語後，愛麗斯就邀了她的兩個妹妹，三姊妹一起到義大利自助旅行。

「學習永遠不嫌遲」這句話，讓整個美國社會年輕化。學習，不只是學到東西，學習的過程和學習的結果，都能帶來快樂。學習讓人保持忙碌，讓身心更健康。而腦袋瓜也會因為學習和刺激腦袋的緣故，離老年失智症更遠。

我在修老年學課程時，研讀了很多關於腦部的研究報告，我很訝異的發現，當我們漸漸老化時，我們的頭腦就開始變小了，尤其是前額葉，一個專門處理計畫的部位，會開始萎縮。而我們的皮膚、骨骼、肌肉……也都會變薄，變得缺乏彈性。

學習，就是降低頭腦變小的速度。也可以說，學習是頭腦的體操。

學習，是讓我快樂的最大因素。我想，我是得了一種叫做學習飢餓症的病。如果我活到一百歲，我就要學習到一百歲，直到呼吸停止的那一刻才罷休。

你看，我是那麼貪心的人。我巴不得每一分每一秒都在學習。而且，不是在我五十歲時才忽然變成這樣，而是從小就如此。好像我是天生就愛學習的人，就是要出生來學習的。我就是那麼喜歡學習，小學、國中，和高中都沒有滿足我學習的飢渴。我的生命裡，有一個很大的缺口，那個缺口就是學習。即便我每天都閱讀，但是，閱讀還是無法滿足我內心底層對學習的饑餓。

上大學去

於是，我在陪女兒到美國讀高中時，我自己也回學校讀書。我告訴自己，我就要滿足我的學習欲了。我一路過關斬將，做我從前沒有做過的夢。

我相信，很多人在他們的生命中，都在某一個關卡上，因為突變或驟變，開始像我一樣，做從前沒有做過的夢，在不同的情況下回到學校學習。

一位軍中的蔡上校退休後，生活突然無所事事，這對他是莫大的衝擊。後來他想，再這樣下去，會老得很快。蔡上校認為，回到學校讀書，和年輕人在一起，自己也會變年輕。於是，蔡上校就去報考研究所，把自己變成研究生，整日讀書做研究。他的同班同學中，居然還有一位七十歲的比丘。

「那位比丘住持同學來上課時，都有一位小沙彌陪同。他的電腦功課就是由小沙彌協助的。」蔡上校說。

幾年後碩士學位到手了，蔡上校又心動，想繼續上博士班的課程。如今，他已是博士班的學生。更巧的是，那位七十多歲的比丘，居然再度成為他的同學。

有一位移民美國的台灣退休公務員，移民後，發覺自己是啞巴（不會說聽英文）、沒腳（不會開車），這讓她失去自由，因而鬱鬱寡歡。她最後選擇回學校學英文，在家則拚命看美國節目練聽力。她當然也學開車，讓自己長腳，重得自由。

「公務員的生活有保障，但生活範圍很狹窄，認識的人有限。自己綁住自己，久而久之，我就變成很無趣的人。」她這樣看待自己的公務員歲月。她的學習是被迫的，是環境使然，但因為學習，她發現自己過去是一個活在公務員殼下的烏龜。

這一發現，不得了，她也察覺了原來學習會讓人自由又快樂。

其實，熱愛學習的人到處都是。學習，的確是快樂的最大因素。而回到學校讀書，只是學習的選項之一。

二〇〇七年一月，我開始成為美國喬治亞州梅崗州立大學的學生。我用我的美國成人高中畢業證書跳過托福考試，直接申請進入大學就讀。剛上美國大學時，還差半年我就五十歲了。重回校園，我就像初戀一樣，既期待又恐慌。最忐忑不安的是，我害怕自己的英文能力不足以應付大學所需。

我的大學入學考試分數沒有到達規定，還要補修預備大學課程，英文閱讀、英文寫作，和數學三科。雖然如此，那一學期，我不只考過數學的州會考，我甚至考過一個跨級的數學考試。換句話說，我跳過大學數學入門1101的課程，直攻1113的數學課，是更進一階的數學。

由於跳級考試成功，我誤以為我是被埋沒的數學天才。我對我的學習之路，信心滿滿。**更重要的是，學習數學和大學的新課程，磨光了我的腦袋，讓我的頭腦更健康明亮。**

學習過程一路摔

可是，在那同時，我的英文寫作和英文閱讀則是雙雙滑鐵盧，必須重修。我的英文能力太弱，相比之下，我那從小學五年級就沒有及格過的數學，反而在美國大學大放異彩。

我的大學之路就是從一路摔開始的。我的英文寫作後來又修了一學期，而英文閱讀則又修了兩學期，才通過州會考。

我很愛學習，所以我非常用功。我每天花幾個小時寫數學作業，也每天苦學英文寫作和英文閱讀。除了打工時間外，沒有上課時，我幾乎都在大學的家教中心裡做功課，除此之外，我每天還請了大學免費的家教來教我。

而我在外語中心打工的工作很輕鬆，我的工作通常是幫助外語教授和學生做電腦練習，或者家教學生西班牙語。而在大學打工的好處是可以一邊讀書和做功課，因此不忙時，我都是在讀書和做功課。

中老年人在學習的路上，一定會有挫折，但在跨越挫折的同時，也提升了面對挫折的能耐。

變成學習狂

除了睡覺，我全部時間都是在上課、讀書和寫作業，一位美國朋友因此給我取了個綽號，叫我「學習狂」（Studyaholic）。這個字眼是從工作狂（Workaholic）演變來的。最近，安妮塔給我另一個綽號，她叫我「書狂」（Bookaholic）。因為我若沒寫書，就是在看書。就算我在大學這麼用功的讀書，我還是非常惶恐，怕讀不懂，學不來。我想，這就是五十歲上大學和十八歲上大學的差別。

在大學校園裡，年輕學生比我這個年紀的學生多很多。他們剛從高中畢業，而且一路考試考過來，非常懂得怎麼考試拿高分。而非傳統學生，也就是像我這樣離開學校很久的學生，回到大學上課時，因為年紀關係，我們的記憶力不如一般學生來得好，我們的學習力也相對比較弱，做功課的能力也比較差，因此，我們得比傳統學生更用功。這也是很多教授實際教學的經驗。所以，在大學校園裡，像我這樣用功的中老年學生，比比皆是。我不是唯一這樣拚命學習的學生。

我大學家教中心的老闆有一次找我到他的辦公室開會，他把電腦網頁上全校使用家教最多的學生名單秀給我看，榜首是我。

「妳是不是常曠課，才要找那麼多家教幫助妳學習？」

真是天大的冤枉，我向他保證，我不曾蹺課過。「不信，你可以問我各科的教授，我不但沒缺課過，我還是全勤的學生。」

「那麼，妳在家是不是都沒有讀書？」他咄咄逼人的樣子，好像要吃掉我。

「我在家也都在讀書和寫功課。」聽到我這樣說，他更迷惑了。

「我是外國來的，我的英文能力弱，需要家教的幫忙。我的數學基礎太差，也需要家教的輔導。」

聽到我那樣說的時候，他問我的成績。當他知道我幾乎每科成績都是A，他不敢置信，也懷疑我是否誠實。一個成績A的學生，居然說自己的能力弱，背景基礎差，這是他怎麼想都想不透的。

「如果像妳說的，妳的數學基礎很弱，為什麼妳從1000等級的課程一路往上升？」他如此質問我。

水往下流，但是，人有往下走的嗎？大學生修課當然都是從最低的1000等級課程一路修上去的，怎麼可能讓學生先修困難再修簡單的課程？何況數學，那是一階一階上去的。

也許，我是第一個破壞他思考邏輯的學生吧！但是，如果他知道我是一個學習狂，他就不會問那些問題了，哈哈！

超修，也是寶貴的一課

梅崗的選課是高年級的學生先選，依順序往下，新生才是最後選課的學生。這樣的用意是，大四學生即將畢業，必須優先選課，才能準時畢業——如果有學生急著要畢業的話。選課是自己上網登記的，我沒有理會大學的規定，在大學預修課程解禁後，我就自由選課了。

既然我是學習狂，那麼，大學的菜單，當然就任由我吃。當我拋開預備大學課程後，我的眼睛就在大學的所有課程表上打勾。那些勾，表示我有興趣修的課程。

一般美國大學生會全神貫注在他們的必修和選修課程，這是依據他們的主修規定的課程，也會聽從他們大學顧問的課程建議來修課。而我不同，我就像任性的小孩，常將我大學顧問的輔導放在一旁，只管修自己愛修的課。因此，我修了很多不必要的課程。但那些課程，後來都對我個人的生命幫助很大。

剛開始，我太貪心，有一個學期登記了六堂課，讓我壓力大到無法承受。在美國上大學，全職學生每學期修十二學分。最高學分是十八。若一學期要修超過十八學分，必須向校方提出申請，通過後才准予多修課程。

這和台灣及中國的大學生選課不一樣。兩岸的大學生一學期修二十五學分的比比皆是，但在美國，每堂課的教授都給很多功課，也有很多書要讀。因此，十二學分就把學生搞到慘兮兮了。

而那一學期，我太貪心，選了太多課，吃不下，成績也直直掉，最後只得退掉一堂課。退掉那堂課後，學習更舒服了，成績也才往上升，身心都健康。

那一學期的經驗教會了我，學習固然好，但超過自己所能負荷的，就不好了。

同時，我也決定，每學期多選一堂課，以便做退課的準備。退課的好處很多，包括萬一不喜歡其中的一堂課，或是不喜歡該科教授的教學方式，那麼，就退掉該堂課。

退課，如同生命的緩衝區，我覺得人生也該有緩衝區。因為人生的本身就是在學習，而有進有退，進退有據，是人生的必修學分。

這個超修經驗也同時教會我，就算多麼瘋狂的熱愛某項事物，都還是要量力而為。例如喝咖啡，喝兩杯不礙事，若喝上一壺咖啡，可能晚上就要失眠了。喝茶也一樣，若我的身體咖啡因承受力不是無限，我就得限制自己茶的攝取量。

無限的學習

這是我第一次學習到擴張生命版圖，就是從限制到無限的境界，就像數學微積分的無窮極限（Infinite），生命本身的壽命雖然有年齡的限制，但生命本身的精神則是無限的，永遠不會走到零。這就符合生命階梯理論。

就像這個宇宙一樣，是包含任何地方和任何時間的，那就是無窮無邊。

從這兒延伸出去，我們是住在一個無窮的世界裡，是一個很大很大，大到我們看不到的世界，就像天空上的星星，很多，很遠，遠到有些我們的肉眼看不到，雖然看不到所有的星星，但不代表星星不存在。

而這個宇宙，是沒有底線的，既沒有開始，也沒有結束。

這是我在微積分課程裡學到的，並進而從微積分體會到生命與宇宙的概念。這

樣說來，生命就是永恆的。當然，我從來沒有想過，在我的生命裡，我會修很多數學課程，包括微積分。微積分是人聽人怕的數學課程，我也怕過，卻一口氣修了三個微積分課程。可是，微積分居然教會我，一個永恆的世界，就是無窮。

後來回台灣時，我有機會參加一個佛教團體的佛教經典學習，突然豁然開朗。我發現，原來數學和佛教是相通的。靈魂是不滅的。

如果靈魂真的是不滅，那麼，為什麼我們需要害怕生命走到終點，就是死亡呢？而害怕的本身，又是什麼呢？是死亡嗎？而焦慮本身呢？是不是也是死亡？

如果我的父親是在我修微積分課程後才離開這個世界，我當時就不會哀傷到試著和上帝交涉，讓我的父親多活一些時候，我就願意受洗成為基督徒了。

我真希望，我早就知道無窮。

由於學數學的經驗，打開了我的另一扇學習之窗，在學習的路上，我不侷限自己，我將門戶大大敞開，隨時都準備上場。而且，九年的美國求學經驗，因為需要專心讀書，事實上，讓我忘記所有的煩惱，我的記憶力甚至比到美國讀書之前還好很多。

學習的收穫是無法計算的。這也難怪，西方人都說，學習永遠不嫌遲，還說終身學習是緩老的青春因素。

Chapter 4 熟年旅行更自在

學生時代想旅行，預算有限；壯年時期的旅行，往往抽不出時間；好不容易走到了有錢有閒的熟齡期，好好為自己規劃畢生難忘的旅行，現在正是時候！

旅行讓人更快樂，尤其退休的人，時間多，最適合短期、中期或長期旅行。因此，我把旅行納入我的黃金年華快樂提案。

中國工程院院士秦伯益是藥理學與毒理學家，也是前軍事醫學科學院院長，他於七十二歲退休時開始旅行中國，並將中國的四十一個世界遺產，三十處國家遺產，二十四座世界地質公園，一百一十個歷史文化名城，全部在退休後走透透。

在分享晚年養老的演講上，秦伯益院士分享了一個觀念：退休後，把錢用來買書和旅行，讓自己的生命過得更豐富。

要將那麼多被列入紀錄的世界遺產和國家遺產都走透透，要花上不少時間和精力，不過退休的人有的是時間，精力則是愈旅行，愈旺盛。因為放輕鬆，也因淡泊名利、心理沒有壓力的關係，身體就更好。

退休的人，若將退休金用來旅行，把自己喜歡的地方做一個完整的旅遊計畫，旅行會讓人延年益壽，並遠離醫生。

旅行給我帶來無窮的快樂。從二十來歲開始，我一個人就踏上陌生的國度旅行。我對旅行的愛好，是無法稍減的。也因如此，我非常能體會秦伯益院士在退休後的心得。在走了五十幾個國家後，我花了九年回到大學讀書（包括前期的語言和美國成人高中準備），減少了旅行的次數。然而，當我結束大學課程後，我又立刻投入旅行的懷抱。

是探險，也是回歸自我

二〇一二年九月，我開始一個人開車沿著美國東岸十三州旅行。

我最初的計畫是旅行三個月，可是後來旅行實在太快樂了，加上在新罕布夏州的歐文有機農場參觀之後，得到一個做義工的機會，我就留下來做了兩個月義工，在那兒養牛馬羊豬雞，養了兩個月。

這一延期，讓我的旅行從三個月變成六個月，我還遇到了美國有史以來第三冷的寒冬，很多暴風雪都在那段時間發生，是非常難得的人生經驗。在下雪之前，有人勸我，美國東北部的冬天很冷，要趕快趁著冬天來臨前離開。甚至有人警告我，一定要在十一月之前就逃離新英格蘭。可是，歐文有機農場主人的二媳婦佩姬是在家律師，她就抱持不同的意見。她說：「妳沒有在下雪的地方住過，妳真該在這樣的地方過一個冬天，好讓妳的生命有完全不一樣的經驗。」

剛好，我也很喜歡歐文農場的主人戴瑞克和路甫夫妻，他們分別是八十三歲和七十五歲的長者。於是，我決定把我的旅行延長一點。

雖然我的行李中沒有冬天的衣服，但我的車上有一件長年放在車上的雪衣，平時我認為雪衣太占衣櫥的空間，就擱在車上。沒想到這件雪衣在這時派上了用場，溫暖極了。我也沒有雪靴，幸而農場有工作穿的靴子。後來我去波士頓旅行時，趁機買了一雙靴子保護我的雙腳，又買了一副手套，還有我的朋友王曼莉從康乃狄克州給我寄來一些圍巾和暖帽，才解決了我的保暖問題。

六個月的旅行，我從喬治亞州開始，往南卡羅萊納州走，在摸頭海灘度了將近一星期的假，剛好消除了我寫上一本書時，伏案太久導致肩膀太緊的問題。

我躺在沙灘上曬太陽，遇到無數的退休人士，也在沙灘上曬太陽。甚至，那兒有許多退休的人開著露營房車，長期住在海灘附近的露營區，好像海邊就是他們的家一樣，一個小小的摸頭海灘城，簡直就是退休人士的天堂。更教人驚奇的是，摸頭海灘小區域就有六十九座高爾夫球場，所以，有些退休人士乾脆把家搬到那兒去，在海灘游泳釣魚曬太陽，也打打小白球歡樂。

對我來說，旅行是一種學習，也是一種獨立的能力。接下來，我為想在退休後旅行的人，規劃出旅行之前應注意的事項。

疾病資訊

先和旅行社（如果你是參加旅行團旅行）或健康疾病中心諮詢即將前往國度的疾病資訊。例如伊波拉病毒，就把整個世界搞得緊張兮兮。另外，長者旅行時切記遠離戰亂地點，以保平安。

醫療紀錄

向你的醫生要一份簡單的英文醫療紀錄，以及確認自己是否有任何過敏症狀。這樣一來，萬一在國外生病需要就醫時，醫生可以在最短的時間參考你的醫療紀錄，做出最正確有力的判斷。

複印文件

複印一份你所有的旅行相關文件，隨身攜帶，例如機票、護照，和簽證等。

提高警覺

旅行時，對於周圍的人要友善，但同時也要提高警覺。長者被偷的機會比一般人更多，尤其是在落後的國家旅行時，要更機警些。財不露白，非常重要。

跟團不如自助

有些長者以為跟團輕鬆些，因為跟著旅行團，就什麼都不必思考、也不必做什麼事，只要跟著領隊走，連吃飯睡覺都被安排好了，只要人出現就行，但我的想法剛好相反。相反的原因是，退休的人，體力和精力可能遞減，而旅行團行程都是標榜俗又大碗，所以，規劃的行程太滿，就有可能變成來去匆匆。這樣的趕鴨子，容易讓退休人士氣喘吁吁。再說，旅行團裡，各個年紀的人都有，上了年紀的人要和二十來歲的年輕人一起跟團，體力是很吃不消的。

如果能找到針對長者規劃設計行程的旅行團，我覺得那是非常好的選擇。

我在美國東岸費城騎腳踏車旅行時，遇到來自中國的旅行團，團員都是退休人士。有人就對我說，他們跟團累死了，每天跑那麼多地方，每個地方都只停留一點點時間，想要仔細看個清楚都不可能，就得立刻跟著領隊或遊覽車走了。

「妳騎腳踏車在費城旅行真好。這就是我要的旅行。」其中一位五十幾歲的上海女士羨慕的對著悠閒騎腳踏車的我說。

是的，我把旅行車停放在郊外的青年旅館，而借了青年旅館的腳踏車，每天騎車走遍費城的各個角落，猶如住在那兒的人一樣自在。

考慮一下，自己安排自己要的旅行，學習自己規劃，也學習自己購買機票吧。

這些事情需要時間，但退休的人有的就是時間，把這個學習過程也視為旅行的一部分，你會覺得，原來旅行真是好玩。

鎖定定點旅行

退休的人和一般年輕人最大的不同點是時間多，錢也多（如果從年輕就開始工作，又有定期儲蓄的話），這樣一來，就不需要參加十天旅行三國的旅行團。

蜻蜓點水式的旅行，到頭來，很快就會忘記究竟去了哪些地方，哪裡有什麼精彩的事物。最可惜的是，無法深入體會當地的風俗民情。

最適宜長者的旅行方式，是細嚼慢嚥的旅行。例如到花蓮或台東旅行，選定一個地方，租房子住上兩個月，在那附近走一走，和當地的人聊聊天，看看人家是怎麼思考，怎麼生活的。

若要到外國旅行，也是一樣，定點旅行是很好的選擇。像我在美東一人六個月的旅行，鎖定的就是美國的十三個州。我的步調很慢，有很多時間和當地人相處，也向他們學習，這讓我感到相當愉快。

深入探訪

我在羅德島的一個接待家庭，貝蒂和丹尼斯夫妻倆，他們一個退休了，一個還在工作。他們每年一起旅行兩次，一次為期兩星期。

二〇一四年四月時，他們到台灣旅行時住我家。整整兩星期，兩人全部都在大台北，多數是在台北市。我問他們，想不想到東部的太魯閣國家公園或中南部走走，例如阿里山或墾丁國家公園。他們告訴我，台北太豐富了，而他們的旅程就只有兩星期，時間不夠，他們喜歡台北，想要多瞭解台北。不僅如此，他們在台北期間，每天也只是走一兩個地方而已。

同樣的，去年六月時，我在金門演講後，搭船進入廈門旅行一星期。在金門時，我遇到了一些要去廈門旅行的人，他們紛紛建議我，廈門只要待上兩三天就行。「然後，妳就可以把行程拉到……」聽起來真教我怦然心動。我很想依著他們的建議而行，但最後，我還是選擇將時間全部留給廈門。

白天，我在鼓浪嶼散步，晚上在鼓浪嶼的沙灘上躺著看天空的星星，聽浪聲。我也在廈門的沙灘上走一整天，或在接待家庭的社區閒逛聊天，感覺快樂極了。

隨遇而安

旅行，大致上就是移動。換了個地方，人的身心都會因此改變。雖然在前面的段落中，我提到要提高警覺，但是，更多時候需要的是隨遇而安。

隨緣，然後就能隨遇而安。

有些人到了陌生的地方，心裡懷著很大的期待，心情雀躍不已，等著要探險；有些人到了陌生地方卻是緊張焦慮，甚至一直提心吊膽，防備著是不是有人會偷東西。

隨遇而安，會讓旅行的品質更好，讓身心健康的程度達到最美好的境界。把自己的笑容掛在臉上，遇到陌生人，就停住腳步聊天一下，不論是在國內或國外，就算用蹩腳的英語，也可以坦然自在。隨遇而安的好處是，你看什麼人都順眼，看什麼都舒服。這時候的旅行，學習到新知識的速度最快。

但如果你是換了張床或換了個地方就難以入睡的人，何妨在一個地方多停留幾天，身體便會逐漸適應下來。例如，如果你到美國旅行的話，美國是一個很大的國家，就不要貪心的想要一次全部玩遍，可選擇分次旅行。如紐約市，若花上兩個月旅行，應該是很舒服的。不必換旅館，路線又熟悉，就像度假，又像在自己的家一樣。

先瞭解自己的個性，要旅行就容易調整了。彈性調整旅途，會讓旅行更愜意。

旅行也能動手做菜

我在桃園機場遇過很多參加旅行團的遊客，其中不少人告訴我，他們的行李中帶了很多台灣的泡麵。

「我們的旅行團要去美國旅行，怕在當地吃不習慣，就帶泡麵以防萬一。」

如果你也不習慣吃外國食物，卻要到國外旅行，那麼，我會建議你，若是在大城市旅行時，可以選擇住在國際青年旅館。國際青年旅館通常有大廚房讓旅客自己下廚、做自己喜歡吃的食物。這些食物，可以在當地超市買，然後放到青年旅館的冰箱，並貼上自己的名字標籤。這樣一來，別人就不會拿錯食物。

而且國際青年旅館提供了各種佐料，如鹽巴、醬油、沙拉油、胡椒粉、辣椒等，都可以自己取用。這樣的話，旅行時就不會讓自己的嘴巴受苦，會旅行得更快樂。還有一些度假村，提供的住宿地點也附設廚房和冰箱，可以自己做菜。

省錢竅門

既然退休了，時間彈性多，就不必和上班族搶在人潮洶湧的旺季旅行。例如機票，暑假和農曆年期間都是最昂貴的，黃金歲月的退休人士，就可以跳過那些時間點，選擇淡季出遊。

淡季出遊的好處是機票便宜，例如三、四、五、十、十一月，是機票最便宜的時刻。而且這些季節的氣候也最舒服，旅行的時候，讓自己的身體更舒適些。

一般來說，機票便宜的時候，代表旅館也便宜，價格彈性空間大，有時候甚至可以和旅館談價錢。更棒的是，因為是在淡季旅行，會有許多意外的好處，例如旅館隨你挑，航空公司也隨你選，甚至要什麼樣的班次，坐什麼樣的位置，都隨你的意。何況，淡季旅行還不會人擠人，多舒服啊！

獨遊或共遊

一個人旅行有一個人旅行的好處，也就是完全自由。愛走東就走東，計畫可以隨時改變。

但如果你喜歡和人共遊，例如和你的伴侶或親朋好友一起旅行，大家在一開始做計畫前先開會討論，自己要的是什麼樣的旅行。還可以分配工作，例如有人負責問機票、買機票；有人負責預訂旅館、火車票。誰擅長做什麼事情，就依著擅長的部分去做。

我在花蓮通往阿里山的路段上，就遇到兩對開車旅行的退休夫妻。他們在一個開放的地方搭了帳棚，在戶外做菜。這兩家人常一起出遊，他們就是透過開會時討論工作的分配，這樣的旅遊方式，讓他們的退休歲月愉悅至極。

換洗衣褲備用

上了年紀的人外出旅行時，有時候是長程旅途，不方便找到洗手間。因此，背包內隨時備著一件內褲和一個塑膠袋，以防不時之需，也方便更換，降低旅途不適，同時減少自己尷尬的機會和沉重的心理負擔。

生理問題

旅行時移動多，心情也不一，加上在外飲食習慣改變和喝水量不足，很容易便祕。你可以攜帶通便的藥丸，也可以在當地超市買水果補充蔬果不足的問題，當然，最重要的還是多喝水囉！

Chapter 5

愛情，愈陳愈香

兩人想要一起老，愛情必定不可少。愛情的有效期限不一定長長久久，除非願意用心經營。即使離婚或喪偶，若能敞開心胸、多談戀愛，還是能碰到對的人。

品質好的婚姻，是長者快樂的重要因素之一。

長者親密關係的範圍，不只是性，或說做愛這件事；還包括肌膚的接觸、擁抱、撫觸、情感的抒發、有人陪著說體己的話，和互相信任。

日本女人在孩子長大獨立後，丈夫退休時，領得了自己做為配偶的退休金，就慨然的離婚。本來大家以為只有日本女性有這樣的離婚群現象，後來深入研究，才發現其實很多國家，包括西方社會，都有相同的現象發生。只是，日本的制度與眾不同，丈夫的退休金，妻子有份。所以，日本女人拿了自己的婚姻退休金，就向那個與自己睡了幾十年卻有如家具的男人說再見。

這也表示了，許多人的婚姻品質不是很好，維持婚姻只是因為孩子需要父母共同教養長大。一旦孩子大了，當媽媽的人，就勇敢的離開婚姻保護傘，寧可一個人帶著自己的婚姻退休金到外面接受挑戰。就如離婚教主施寄青說的，人家不愛你了，就得放手讓對方飛，而不必強留，苦了彼此，甚至兩敗俱傷，又何必。

婚姻與愛情，可以兼得

婚姻和愛情，真的是兩難嗎？婚姻，真如世人所謂的，是愛情的墳墓嗎？當我旅行東岸六個月時，在不少的接待家庭寄住過，看到那麼多美滿的婚姻後，對於「婚姻是愛情的墳墓」這句話，我不以為然，我也反對夫妻是相欠債的說法。

但是，如何在婚姻裡經營愛情，需要雙方一起下功夫。這個功夫，就是要勤勞。如果有一方怠惰，以為婚都結了，還有什麼需要努力經營。這樣的婚姻在孩子長大後，就算沒有離異，相處起來也不是那麼的舒服，最終就成為室友。當孩子都長大離家，或即使沒有離家，卻各自有工作，退休夫妻每天沒事幹，互相對看，就嫌多，就想逃了。尤其那些本來就沒什麼話說，沒什麼共同興趣，也沒什麼共同朋友的夫妻，彼此的關係好像只是對方的家具。

我在美東旅行認識的接待家庭主人，大部分都是上了年紀的人，只有少數是年輕人。而不論是退休或年輕的人，他們在婚姻上經營之用心，都教我相當震撼。

相守一生的靈魂伴侶

先來說八十歲的夫妻檔吉姆和愛麗斯。當吉姆退休時，愛麗斯還在工作，兩個孩子相繼離家上大學。而彼時吉姆的父母都九十歲了，一個有老年失智症，一個多病難相處。

吉姆和愛麗斯討論，他想去陪父母三年，愛麗斯不但成全，還為丈夫做了一本自己研發的食譜，讓吉姆帶著去照顧他的父母。吉姆開了三天的車才抵達父母的家，他面對的是失智的父親，多病的母親，每天既要陪父親唱歌彈樂器，找回他年輕時會的音樂，同時還要做飯給父母吃。「我媽媽是非常難相處的人，但我還是想做對的事情。因此，我們夫妻討論過了，而愛麗斯也同意我這麼做。我的弟弟妹妹住得比我離父母近，但他們的經濟條件比我差，所以，我自願去照顧父母三年。三年後，我沒有能力照顧他們了，因為那需要專業照護，我的父母就住進護理之家，我回到自己的家。不久後，他們就相繼辭世。」

愛麗斯說：「那是很艱難的三年。我白天得開很遠的車去上班，冬天時下大雪，回到家還得砍木柴燃燒當暖氣。那些歲月，我下班回到家，感到特別寂寞。」

這對夫妻互相扶持，平時一起玩音樂，吹薩克斯風或笛子。兩人也各自有自己的興趣，各自去玩。晚餐桌上，夫妻用餐如重要的儀式，美食美酒外，還有咖啡和甜點殿後。在吃晚餐時，夫妻會聊聊今天各自的心情和所做的事情，遇到的人……一邊吃飯，一邊聊天和喝紅酒。吃完飯，兩人開始喝咖啡吃甜點，此時吉姆會為愛麗斯吟詩，而愛麗斯完全沉醉在丈夫吟詩的世界裡。這樣的晚餐，少說也要兩小時。晚餐後，他們便各自讀書聽音樂，手巧的愛麗斯有時候邊聊天邊鉤毛線衣、帽子，和襪子等給丈夫、兒子媳婦和孫子女等。有時候兩人參加樂團演奏，有時在家一起玩樂器。每個星期，愛麗斯、吉姆和兒子媳婦以及孫子女會在Skype上透過視屏聊天，透過視屏，吉姆和愛麗斯可以看到孩子一家人。不只這樣，愛麗斯和吉姆會在日常生活裡不斷的創造生活樂趣，那些創意，把平凡的生活變成多采多姿。

對我來說，結婚五十幾年的吉姆和愛麗斯，是靈魂伴侶。

半途遇見的靈魂伴侶

卡洛琳和她的第二任丈夫布萊德也是靈魂伴侶。不同的是，他們是梅開二度，才發現對方。

卡洛琳和她的前夫都是很棒的音樂家，但兩人個性水火不容，彼此都是強硬的人。三十六年前夫妻離婚時，為了方便子女和父母相見容易，卡洛琳在森林的另一側建了自己的家，這樣孩子從爸爸的家穿越森林就可以探訪媽媽。後來卡洛琳的前夫再婚了，搬到別的城市去，而卡洛琳仍住在當初兩人共有的森林，她離婚後獨自建的房子裡。卡洛琳已經七十三歲了，她和第二任丈夫布萊德結婚超過二十六年，布萊德也是音樂家。卡洛琳是佛教徒，房間有佛像，還掛有一幅鄭成功的字畫，談兩極；布萊德則在新罕布夏州大學學習修理小提琴。布萊德除了拉小提琴、也彈吉他；而卡洛琳除了會小提琴、斑鳩琴及鋼琴，也在家授課，她還教那些不會唱歌的人唱歌。她說很多人都是在小時候碰到一些很糟糕的人告訴他們不會唱，唱不好，從此就不唱歌。而人們原本是以唱歌聯絡情感，但在收音機和電視機問世後，專業錄音普及了，大家認為唯有那樣的唱歌才是好的，就覺得自己唱得不夠好，從此失去唱歌的能力。那是自我閹割。他們兩人的家布置得很溫馨，很有藝術味道。十五年來，卡洛琳和布萊德兩人每星期二都和其他退休的音樂人在新罕布夏州首府康科德的餐廳，演奏愛爾蘭音樂。這麼長的時間裡，夫妻兩人樂此不疲的義務演奏音樂，兩人又擁有各自的工作，相處融洽。卡洛琳對我說，找到布萊德，讓她的生命變得不一樣，兩人靈魂相通，是難能可貴的事情。

就統計學來說，第一次婚姻的成功機率是百分之五十，第二次的成功機率就下降至百分之二十五，第三次更下降至百分之十二．五，但那並不代表不是從頭開始的婚姻，就不能成功。

互相扶持的靈魂伴侶

雪莉和大衛，這對結婚超過三十年的夫妻，同樣是二度婚姻。

雪莉第一次婚姻的對象是個大男人主義者，一踏入婚姻，就認為太太應該做所有的家事，而男人負責在外面闖蕩。對於生長在男女平等家庭的雪莉而言，她萬萬無法接受大男人主義者當自己的丈夫。婚後，兩人吵得激烈，雪莉甚至還向高中同學的哥哥大衛尋求幫助，讓自己走出婚姻暴力。

「我十八歲時就認識我現在的婆婆了，她是一個非常棒的人，而大衛是我高中同學的哥哥，當時我們只有普通友誼。但因為他在我最困難時義無反顧的扶持我，後來，我離婚一段時間後，覺得也許我和大衛兩人可以處得來，就開始交往。」

三十一歲時，雪莉和大衛踏上紅毯，那也是大衛的二度婚姻。如今六十六歲的雪莉說：「我不能想像如果婚姻中沒有大衛，我的生命會成為什麼樣子，他一路扶持我。我們天天早晚都要帶著我們的兩隻狗兒一起在森林裡散步兩三個小時。」

「不論是在森林裡散步，或是在家裡，我們兩人總有聊不完的話題。我小時候被我的親生爸爸性侵害，對於小孩，我沒有太大熱情，對當媽媽這件事，也覺得自己不會做得太好。我的婚姻裡不會有孩子，而大衛都接受。」

有特殊教育碩士學位的雪莉，不認為自己可以當稱職的媽媽，就在走入婚姻時，勇敢的對大衛說明自己的心理狀況和處境，而大衛也全盤接受雪莉的需求。

因為婚姻裡沒有孩子，只有夫妻兩人，因此互相依賴、互相信任，也培養共同興趣，是雪莉和大衛結婚三十幾年的祕訣。雪莉和大衛很滿意他們的婚姻。如果經

濟許可，兩人就前往愛爾蘭旅行，那是雪莉家族移民到美國之前的祖國。大衛也欣然投入雪莉對愛爾蘭的喜愛，進而花很多時間研究愛爾蘭的文化和生活。

一起老，是雪莉和大衛正在走的路。他們相信會一起老得很溫馨，很麻吉。

看了三對靈魂伴侶的婚姻生活，我們當知婚姻品質要好，愛情是很大的因素。而愛情的有效期限不一定長長久久，除非兩人願意一起用心經營，樂意為婚姻開啟對話。有時候愛情過期，也不必扼腕或唏噓，世界總是在改變，不是嗎？

離婚的人，不盡然就要獨守終身。一次婚姻失敗，也不必然代表第二次，或者第三次婚姻就會失敗……就算再婚的成功機率每一次都降低，但機會也都在那兒，就看自己是不是碰到對的人。談了一百次戀愛，要找到靈魂伴侶的機會，絕對比只談五次戀愛的人高。信不信由你，機率是這樣算的，愈多次戀愛，碰到對的人可能性就愈高。緣分，不就因此而來？何況，溝通，才是婚姻持續走下去的那把鑰匙。

不想老年獨居，害怕老年獨居，擔心一個人老年不快樂，那麼，就勇敢的把自己的心門打開，主動出擊，找到屬於自己的機會。

自我陪伴、自我療癒

鰥寡孤獨，這四個字，好像自然而然就連結在一起。

由於種種因素，人的生命長度不一樣，喪偶，也是無法避免。喪偶的人，不論男女，心理狀態和離婚的人是完全不一樣的。對離婚的人來說，離婚就是愛的結束；而喪偶的人是被迫分開，可能兩人感情很好，好到要相約一起老，但沒想到其中之一或許生病或意外，提前離開這個世界。對喪偶的人來說，婚姻雖到了終點，但愛仍然延續。女性還常常會將已過世的丈夫升格，把對方在無形中變成很了不起的人。由於喪偶的人在婚姻終止後，愛仍然綿延，有一個人住在他們的內心深處，因此，他們的心裡很難接受另一個人成為他們的伴侶，或展開另一段愛情。

我們來看看八十歲洪先生的故事。

「我的太太病得很嚴重時，她知道自己很快就要走了。她叮嚀我，她離開後，要我千萬別依賴孩子，不要成為孩子的包袱。同時，她還吩咐我，不要再婚，說再婚很麻煩，『你不知道那個女人會是什麼樣的人。』因此，她教我要獨立，要學習做飯和洗衣服，以及打理我自己的生活。」洪先生的太太辭世時，他才六十歲。二十年後，他在溪頭和我相遇時，他正與一群彰化二水的鄰居們結伴到溪頭旅行。

「太太剛走時，我很痛苦，天天到她的墳前種花整理環境和嚎啕大哭。後來有一個朋友看我那麼痛苦，就對我說：『她現在和你在不同的世界了，你不能喚回她，要讓她走得安心愉快，你就得回到自己的生活來。』那位朋友的一句話，把我拉回真實的世界。我開始學習怎麼用手洗衣服，怎麼做菜，怎麼打掃家裡。如今，這些事情對我都輕而易舉，我手洗的衣服晾乾後就像燙過的那麼平整。我連洗衣服都很有訣竅，先用肥皂抹衣服後放一會兒再洗，一下子就乾淨了，不費力氣。我做菜的功夫，過了二十年下來，也很不賴。」

洪先生談到二十年獨居的過程，從苦到甘，而今一票朋友環繞著他，加上他的個性慷慨，愛招呼朋友鄰居們到家裡來唱卡拉ＯＫ，也自娛娛人。

「每個星期二，我們都一起搭遊覽車來溪頭旅行一天，帶著食物，大家一起聊天，吃東西喝酒，這兒空氣新鮮，很多住在中部地區的人每星期都來。這兒的氣候和樹木對癌症有特殊的療癒效果，而且六十五歲以上的人，只要門票十元就能進來享受一整天。」洪先生每星期到溪頭來時，總帶著他的酒與一群朋友共飲。

一紙婚姻，情感百種

不單洪先生如此，美國獨立宣言的作者，也是美國第三任總統的傑佛遜的太太過世時，他才三十九歲。他的太太甚至要傑佛遜承諾發誓絕不再婚。傑佛遜在太太過世後，傷心到有一段時間無法走出他們的房間。傑佛遜一生沒有再婚，到八十幾歲離世時，當了鰥夫將近五十年。雖然傑佛遜沒有再婚，不表示他沒有親密關係。他和他的一個黑人女奴就生下了孩子。

根據研究，離婚的人再婚比鰥夫寡婦容易，因為離婚的人，是在不滿意自己的婚姻下結束婚姻的，他們比較願意在離婚後繼續找伴侶，重新打造自己的人生。而鰥夫寡婦不同之處是在於被迫分開，他們的內心有著要對亡者忠誠的渴望，也害怕接納新的感情後，對方再度離開自己，因而寧可守寡。因此，研究結果顯示，美國的鰥夫再婚的只有百分之二十，而寡婦更低，只有百分之五再婚。

沒有再婚，是心理因素。而憂鬱症常因喪偶而發生，且尾隨很久，直到當事人願意打開心扉，接受一份新的感情，重塑人生，或者找到自己寧靜和諧的方式，才會結束那樣的憂鬱狀態。

喪偶者在面臨他人鼓勵再約會，和再婚時，有時候也傾向反感。他們認為，自己總會找到自己的路走下去。

不過，在喪偶方面，兩性還是有差異。有的男性很快就再婚，主要是結婚對男人的好處多，又有人照顧他們三餐，能延長壽命……而且，社會允許男人與比他們年輕很多的女人再婚，也因此，他們再婚的機會就比女性高很多。

根據美國人口統計局的統計，六十五歲以上的美國女性約有一半的人會成為寡婦。而每年約有七十萬名的女性成為寡婦，這些人平均當寡婦約十四年。五十五到六十四歲的喪偶女性大約只有百分之八會再婚。而六十五歲以上的寡婦，就只有百分之二的人會再婚。在此同時，女性平均比男性多活六年。因此，美國有一千一百萬的寡婦，卻只有兩百六十萬的鰥夫，這樣的比率是4.3：1，而人口統計說二十五年內，這個比率會上升到10：1。鰥夫寡婦比率失衡高得嚇人。

寡婦再婚的機率雖然較低，但多數的她們不願意再婚，或者考慮到當寡婦的好處或福利，例如亡夫留下龐大的財產、又可取代亡夫的社會安全局基金、保險，和退休金等，她們的生活條件事實上非常的好，不需要再婚。何況一旦再婚，某些福利就會因再婚而自動失效。例如安妮塔在她的丈夫過世後，她去掉原來自己的社會安全基金，改領丈夫的社會安全基金，比她自己的高額多了。而且，她每個月也都會領到丈夫的退休金。

友誼是良藥

沒有再婚，不表示鰥夫寡婦就沒有情感或親密生活。對他們來說，人生走到某個階段後，除非再婚可以得到金錢或社會地位上的好處，否則婚姻只是一張紙而已。

所以，在美國有許多寡人俱樂部，還有人自稱是美國寂寞人。那些喪偶的人都可以加入寡人俱樂部，而寡人俱樂部有許多活動進行，寡婦鰥夫之間培養了革命情感。萬一，有人結婚了，還得被迫退出寡人俱樂部呢！

由於女人擅長社交生活，寡婦之間結伴一起旅行，友誼彼此滋潤，實際上並不寂寞。而且她們的消費能力強，生活品質好得沒話說。這是指嬰兒潮世代的寡婦而言。若再推到更早之前，寡婦可能就要面臨很多的罪名，例如在一世紀以前，寡婦可能被當成女巫；在那之後，時代雖然進步些，但寡婦在失去當女人這部分的角色後，也只能當阿嬤了。

經濟是重要考量

但當我們打開美國歷史來看，美國的早期總統中，和寡婦結婚的，其中，前五任總統內，就有三位總統。包括美國國父也是美國第一任總統的華盛頓，第三任總統傑佛遜和第四任總統麥迪遜都是。他們的太太和他們結婚時，可能帶著亡夫留下的龐大遺產，華盛頓和麥迪遜的太太甚至帶著和前夫生的孩子和他們結婚，他們的婚姻後來還被認為是楷模。

華盛頓、傑佛遜，和麥迪遜一生中，就只有一次婚姻而已。之後，美國還有三位總統和寡婦結婚，不同的是，他們自己也是鰥夫。有興趣可以上網讀一讀他們的故事（http://robinsonlibrary.com/america/unitedstates/presidents/widows.htm）。為什麼會如此？主要原因是殖民時代的美國，男性比女性多，加上和有錢的寡婦結婚，可以少奮鬥三十年或一輩子，何樂不為？美國還因此稱這些寡婦是Sugar Mom，這是對比那些和很有錢的男人結婚的女性來說，那些男人則被稱之為Sugar Dad。

有錢，是寡婦快樂與否的條件，也讓寡婦有更多再婚的機會，你不得不信。

我的美國朋友金妮，八十歲，是寡婦，她每個月固定收到兩千五百美金的支票做為一個月的開支。她有自己的房子、兩部車子，以及眾多孩子孫子和年紀不同的朋友，社交生活非常活絡。每次我到金妮家時，她都對我說：「妳要喝什麼酒？」不是酒吧，卻可以點酒，妳就知道她的家藏有很多不同的酒類。即便如此，金妮卻告訴我：「我生活得很節儉。」

冷掉的咖啡，還是可以很好喝。千萬別以為冷掉的咖啡或涼掉的茶就走味，就看自己怎麼喝，怎麼感受而已。

黃昏之戀

愛情，不分年紀，這是常識，千萬別以為戀愛是只有二十多歲人的專利。知名美國影星珍．芳達演過非常多的電影，也得過很多獎，是好萊塢明星中的明星。在珍．芳達的書中，她談到，黃昏之戀是要極力追求的。她鼓勵長者從各種管道去認識異性，進而結交，和戀愛，珍．芳達甚至提醒長者談戀愛時，還是要用保險套，以保護自己。珍．芳達說，再次回到戀愛戰場的長者，常以為愛滋病等性病是十幾二十幾歲人的專利，但其實，性病也不分年紀，只要有不同的性對象，就有可能得到性病，因為每個人的背後，都有其性史，雖然你認識這個人，也信任這個人，但你並不知道和他有過關係的人是否信得過。

不只這樣，珍．芳達以自己七十幾歲過來人的經驗，也教導年長女性在談戀愛要上床時，不僅要用保險套，還可以借助水性潤滑液，因為年長女性的陰道較乾燥，需要潤滑液輔助，做愛時才不會疼痛。

再以珍．芳達為例吧！在書中，她提到自己前後結了三次婚，都以離婚收場。然而在她七十歲左右時，卻遇見另一半。當時她身體狀況非常差，不僅住院療養，行動也不便，還得拿枴杖走路。但就在那時，有一位朋友給珍．芳達看了她的電子信箱聯絡人名單，珍．芳達眼尖，發現其中一個是曾經和自己合作過的音樂朋友，

「當時，兩人還一起跳過舞。」那是幾十年前的事情。於是，珍．芳達請那位朋友安排和久已不見又失聯的老友吃飯。

那次的重逢，讓珍．芳達找到自己人生晚年的伴侶，因此重拾快樂。她也因為如此，積極的鼓勵長者找機會談戀愛，她認為能找到一個晚年共處的戀人，絕對比獨居還舒服和安心。

我絕對相信珍．芳達的話。讓我們再來看看下面這個例子。

ＣＮＮ的知名主播庫柏的九十一歲媽媽葛羅莉亞，是美國公認最漂亮的老人。而老年要維持美麗，除了個人本身的氣質外，知識、愛情、金錢、才華，和健康，缺一不可。葛羅莉亞非常有錢，她的第四任丈夫是作家（也就是庫柏的爸爸）。第四任丈夫過世後，葛羅莉亞的男朋友都是榜上有名，而且至今沒有中斷過，可說是一個剛走，就又來了個新的。她身邊的情人，永遠都不缺。

成年子女要鼓勵沒有伴侶的父母勇敢尋找自己的感情對象，這樣，長者會活得更有活力。或者，如果成年人願意和年老父母同住，也可以解除他們失偶後的寂寞感，不過，成年子女可能因此喪失或降低自己追求幸福的機會。

Chapter 6

交友不設限

研究顯示，老年人若只有少數朋友，或甚至只有一個朋友，死亡機率比擁有許多家人朋友圍繞的人要來得高。朋友就像活水一樣，應該是會流動的。有水流出去，也要有水流進來。

和家人保持良好的關係，常和家人聯絡，是老年人內心平安的力量來源。另外，根據研究，社交，是讓人最快樂的方法，因為人都需要朋友，而且老朋友新朋友都不能少。

讓自己不寂寞

家人和朋友，讓老年生活更溫暖。也有研究顯示，若只有少數朋友，或甚至只有一個朋友，死亡機率就比那些有許多家人朋友圍繞的人高上二到四倍。為什麼會這樣呢？因為家人和朋友會給予關心，例如提醒要吃藥了，要做健康檢查……擁有家人和眾多朋友的關心和環繞，不只會活得健康，還活得長壽。這樣的結果是不分國度或種族的，也可見家人和朋友多寡和自己的生命長度、健康，和快樂是多麼息息相關。

例如《百歲姊妹有話說》的德拉妮姊妹，她們的母親在七十歲喪偶後，就搬來與兩位女兒同住。女兒們關心她，每天有說有笑，又有菜園讓老媽媽種菜，既活絡筋骨，又有有機蔬菜吃，再加上女兒甚至為媽媽關掉牙醫診所，全心陪媽媽，難怪她能活到九十五歲。

當然，和什麼樣的人交朋友，與自己的健康以及快樂也是分不開的。抽菸喝酒的人健康欠佳，易遭各種疾病襲擊。而且，二手菸也間接傷害不抽菸不喝酒的人的健康。因此，醫生們建議老年人遠離菸酒。

若自己在各方面遭遇困難，朋友總是能夠兩肋插刀，即時協助。既然朋友和家人的好處多多，也可試著讓自己成為好相處的友人，培養自己的幽默感和樂觀詼諧，對交朋友的幫助很大。

二〇一四年我參加朋友游金松和陳莎娜夫妻女兒的婚宴，他們十二個結拜的兄弟及其眷屬都穿制服分據兩桌，彼此情感形同手足，一場子女的婚禮變成十二兄弟及其配偶的歡聚。婚宴結束，我受邀到他們的結拜兄弟之一張建國的家喝茶聊天，親眼看見這兩對夫妻大哥長、大嫂長，那樣的情感是多年培養下來的。

進入老年，不只要開放自己去交朋友，並且，也要培養交朋友的能力。朋友愈多，老年時就愈不寂寞，生活當然隨著朋友多而變得更精彩豐富。研究結果往往顯示，朋友是讓人健康和快樂的管道，信不信由你。

如果你不知道怎麼去拓寬朋友的範圍，以下有些方法，你可以試試看。

找回失聯老朋友

幾十年來，我的內心一直惦記著我的小學同學黃素英。

黃素英是我能上國中的關鍵人物，是我的恩人。從國中二年級她輟學後，我們就沒有再見過面，從此失聯了四十年，而我，卻時時刻刻都在想念黃素英，一直想當面向她致謝。

當年我小學畢業時，因家窮且我是女生，我的父母都堅持不讓我上國中。一心一意想上學的我，什麼方法都想了，還拜託小學老師葉沛林三顧我家茅廬，幫我向父母遊說不成後，我就趁著從食品工廠工作返家的半夜時分，私自拿了家裡的鑰匙，打開抽屜，取得我家的戶口名簿和我媽媽的印章，連夜狂奔黃素英家，拜託她第二天到國中幫我報到。

才十二歲的黃素英，個性爽朗，馬上答應我的請託。沒有她幫我到國中報名，就沒有後續我恐嚇父母不讓我升學就會被關到監牢的胡說八道了。當年為了要上國中，我用盡各種手段。

但要找到黃素英，困難度很高。她是家中的老么，她的父母生下她時，媽媽都已將近五十歲了。而她和兄姊之間年紀相差很遠，就像是獨生女一樣。因此，我只認識她的父母，而他們早已作古，我根本沒有機會找到已外嫁他鄉的她。

但我深信，有一天，我一定會找到她。

二〇一四年三月時，我到彰化探望朋友，也借了摩托車騎到斗南探望我媽媽。有天我媽媽睡午覺時，我百無聊賴的跑到廟堂和村人聊天。聊天時，我耳尖，聽到一個女人說：「我公公在當乩童時……」我突然意識到那個人正是黃素英的嫂嫂，因為村中唯一的乩童，就是黃素英的爸爸啊。

可是，當我問她是不是黃素英的嫂嫂時，她說：「我不認識誰是黃素英。」我又追問，妳家是不是住在某某處，她說是。我說，妳有黃素英的電話號碼嗎？她還是繼續強調，她不知道誰是黃素英。

「沒關係，給我妳最小的小姑的電話號碼就是了。」在眾人的慫恿下，那個女人回家找了電話號碼。我當時忘記黃素英的小名叫阿津。

去年三月，當我到埔里圖書館演講時，便打電話給住在南投市的黃素英，說我要去看她。還記得那個下午，我提早三小時抵達南投市，並在南投市車站旁的咖啡館喝咖啡等待，直到我們約定的時間，黃素英現身了。

「妳早到，怎麼不打電話給我？我可以請假來和妳見面啊！」一見面，聽到我在那兒等了幾小時，她劈頭就說。

我們兩人在小餐館吃飯聊天，黃素英早就忘了她幫我到國中報到登記的事情。

她也不曉得因為她的幫忙，改變了我的一生。

「我被詐騙集團騙過後就不接陌生的電話號碼。那天看到陌生電話號碼，我就讓我的女兒幫我接聽。我還以為妳要找我開同學會呢！」就差那麼一點，如果她不接陌生電話號碼，我們的重逢就遙遙無期了。

接著，我們兩人相聚了幾天，我住在黃素英的家中，認識了她的家人，還陪她到她打工的餐廳廚房一起工作。她的同事聽了我們的重逢故事，都感動極了。三天中，我們兩人聊了很多，幾乎把童年往事全部重新回憶一遍。

找到失聯的老朋友，還能說聲感恩，真是棒透了。

後來我還陸續的把一些失聯許久的老朋友找回來，我Google朋友的名字，有些也真讓我找到了。你說，這感覺多美妙啊！

你有失聯的朋友親戚同學嗎？在交新朋友之前，先把失聯的那些感情找回來吧，感覺就像賺到了新的人生一樣，有人幫你一起回憶曾經有過卻已忘記許久的過往，還有什麼比這更可貴呢？

記住名字，提升親切感

要交朋友，記住對方的名字和興趣是很重要的。你說，那麼多人，我怎麼記住他們的名字？讓我告訴你，只要訓練自己就行了。

當對方自我介紹時，你就重複說他的名字。每次在說話時，也重複一遍對方的名字。這樣就會記得住。小羅斯福在罹患小兒痲痺症時，到喬治亞州的溫泉鎮做復健，他認識了整個小鎮的人，也記住所有人的名字，還能脫口而出。試試看，你也可以做得到。

玩遊戲交朋友

丹尼斯是將近七十歲的人了，他很會玩各種撲克牌遊戲。我認識丹尼斯是在羅德島一個朋友父母的家，是一段很普通，卻又很奇妙的緣分。

丹尼斯退休後以童年時向父親學的砍材功夫，幫人家砍枯萎的樹木。他將那些木材劈好，賣給需要的人家作為冬天火爐裡的柴火，藉此賺外快旅行。

丹尼斯在運送木材的工作結束後，會進入主人家裡，和對方聊天喝咖啡。此時，他就帶著隨身的撲克牌說故事給對方聽，大家將焦點集中在他的撲克牌故事中，彼此的距離就縮短了。

他用這樣的方式到處交朋友，走到哪，朋友就交到哪。

我向丹尼斯學了那些不同撲克牌的技巧，也試著用玩撲克牌遊戲的方式去交朋友。果然，朋友之間更自在，因為在遊戲時交朋友，人是最沒有防線，最純真的，破冰也最容易。

我和老朋友見面時，跟他們玩起「過十關撲克牌遊戲」（Phase 10），也因為大家都集中注意力在玩遊戲，時間過得特別快，甚至也可能因此看到老朋友不為我所知的一面。

如果你不懂遊戲，不妨上網學習一下，或者向會的人學。例如我在廈門旅行時，就發現廈門的社區裡通常有小公園，就有不少上了年紀的人在那兒玩遊戲。看著人家玩遊戲，問問人家那是怎麼一回事，再主動要求讓自己下場一下，很快就會打成一片了。

共食，情感也共享

我第一次在麗圓的早餐店和幾個不同的陌生人共進午餐時，她告訴我，那些參與午餐共食的人，只要交五十元台幣，就可以吃一頓有機午餐。

怎麼有這麼便宜又這麼舒服的午餐吃法呢？

「我得了乳癌，想讓自己健康起來，就加入主婦聯盟，改吃有機食物。主婦聯盟有一個共食計畫，大家一起吃午餐，聊天。我就將自己的早餐店提供出來，讓住在附近願意參與的人加入。」

麗圓說，因為一起共食，陌生人漸漸變成了朋友。

後來，我有機會到主婦聯盟三重分會、新莊分會、台中分會，和彰化分會演講時，也紛紛獲得那幾個分會的負責人邀請和主婦聯盟的成員共進午餐。

每一個主婦聯盟分會所提供的午餐共食食物不一樣，但都是有機食物，而且都非常的健康好吃。那一票女人，是我口中「最會搞吃的人」。

最重要的是，她們在一起做菜的過程，不但交朋友，也討論一些正事。她們還分享食材背後的故事，讓做菜變成有趣的事情。

當初主婦聯盟在擬定共老計畫時，便考慮到現代人愈來愈寂寞，如果有人可以共食，吃起飯來，有人一起說說笑笑，飯菜更可口，身心也更健康平衡。

根據台中分會劉玫君的說法，「合作社最初規劃共食活動的部分，其實是想讓社員能有更多相聚的機會，人和人有相聚，才有機會彼此認識、聊天，才會聊出共同的事，共同去做另一方面的事務，也讓社員能夠有手藝的交流、更認識合作社的食材，和背後的故事。」

如果怕一個人吃飯，或者喜歡和一群人吃飯，那麼，加入主婦聯盟的站所，就有同伴一起吃午餐了。你可以選擇靠近你家附近的主婦聯盟站所加入，這樣一來，你不但會吃到健康的午餐，還可因此交到好朋友。

如果你家附近沒有主婦聯盟，可以在鄰里之間吆喝一些人，一起組成共食小組，大家各自帶一份食物來分享，也非常好。因為要共食，就要參與，就會努力學習做菜的技巧，或許也能意外開啟之前未曾學習的一扇窗，未嘗不是好事。

在說說笑笑的用餐氣氛下，人就更快樂了，食物也更有味道。

開放自己

交朋友，一定是雙方或多方同時進行。如果把自己先開放出來，表示對對方有興趣，對方的回應就容易傳來，也就可能成為朋友了。

不論走到哪裡，我通常都會主動出擊，先釋放我的善意。我會主動開口問安，再就近取材，找個話題和對方聊天。也因為這樣，我意外學到很多沒想過的知識，真是應了那句「三人行必有我師焉」的話語。這個作法，還不分國度和地域，在任何大城小鎮，甚至是小鄉下，都具有同樣效果。

如果你不知道怎麼主動聊天，那麼，笑一笑也行。笑容，會為你帶來朋友。

有時候我交的朋友是在搭捷運時認識的，有時候是在走路時遇到的。去年我還曾經在路上問一位正在買衣服的女人有沒有興趣和我一起去看電影，當時我身上有兩張票，朋友臨時不能去，我就想邀請陌生人分享電影票。那個六十幾歲的女人高興得的不能置信，在台北市街頭有陌生人邀請她一起看電影。

不設限，開放自己，感覺對了，就可以交朋友了，不是嗎？

志同道合

有句話說，話不投機半句多。很顯然的，找到志同道合的人做朋友，是最省事的。要找到志同道合的人做朋友，就要知道自己喜歡什麼，擅長什麼，再去找那樣的組織或人加入。例如喜歡有機食物，便可加入主婦聯盟，也可以加入里仁。又例如喜歡運動，就加入運動相關團體。喜歡慢跑，就加入慢跑社團。喜歡瑜伽，就加入做瑜伽的團體。若喜歡佛教，就多去寺廟，參與佛教活動，隨著活動的進行，就會交到很多好朋友。無論是基督教、天主教、道教、一貫道，或回教……其實都是很容易交到朋友的團體。

我有兩個妹妹，大妹是虔誠的日蓮教佛教徒，小妹則是虔誠的基督徒。大妹花了很多時間奉獻在她的創價學會組織上，連早上做運動也參加「返老還童」，久而久之，她的一大票朋友，都是從這兩個地方來的。我的小妹也很投入她的教會，自然而然和教會的朋友也甚為親近，她還自稱從來不知道什麼叫寂寞呢！

跨越年紀

我喜歡跟不同年紀的人交友，所以我的朋友各年齡層都有，有年紀很小的，也有年紀很大的。在跟「小」朋友做朋友時，讓我學到很多年輕的想法，也學到「小」朋友的玩法，如最近我交往好幾個中國和越南來美就讀的高中生，我們天南地北的聊天，交流想法或學習而成為好朋友。在跟「老」朋友做朋友時，我不但學到他們的智慧，同時感覺，自己相對年輕，因為他們常叫我「小朋友」。從老朋友那兒，我學到他們的智慧和人生，是相當寶貴的課程。

「老」朋友的生活和健康息息相關，我因此就從那兒學到了，不論如何，要向健康的老朋友看齊，要多運動，要吃得健康，要多交朋友，也要更快樂。

跨越年紀交朋友的好處很多，就像在讀各種不同的書籍一樣。如果只交同年紀的朋友，當我們漸漸的進入老年時，朋友一個個凋零，會讓我們更寂寞。

朋友就像活水一樣，應該是會流動的。有水流出去，也要有水流進來。

上網交朋友

網路沒有國界，因此，不論你想跟住在很遠距離的人當朋友，或者是與住在附近的人當朋友，都很方便，那是一種進可攻，退可守的交友方法。

上網交朋友的好處是可以挑選志同道合的人做朋友，還可以與不同語言和文化的人來往。我的Skype和英文臉書上常有不同國家的人進入要和我做朋友。

由於文化和語言不同，自然會激起想要學習對方語言的衝動，進而因為學習新的語言，開啟了刺激腦部的機會。長者學習新的語言，既可促進記憶能力，還可以防止老年失智症，再加上不同文化所帶來的刺激和吸引力，更能加深研究或學習的動機。

上網交朋友，不必然就需要鎖定在異性朋友上。學習新的語言，讓長者的頭腦年輕化，大腦就愈來愈大了。

旅行交友

旅行時，人的心態是輕鬆的，也是最容易交朋友的時刻，我就趁二〇一三到二〇一四年的六個月美東旅行時，交了不少新朋友。

我旅行時住在陌生人的家，有貼近的機會，一起做些活動，那些接待家庭後來都變成了我的朋友。而因為接待家庭的背景都不同，也因此擴充了我交朋友的範圍和廣泛學習的機會。六個月的旅行，我住過的美國家庭可真不少。

若要在旅行時交朋友，一定要把「信任」放在第一位階上。沒有信任，就不可能住到人家家去，也不會讓人住到家裡來。我在巴鐵摩的接待家庭里克和當是我在參觀華盛頓的家認識的，才聊天五分鐘，他們就力邀我，到了巴鐵摩，一定要住在他們家。里克和當退休後常結伴到中國去義務教英文，我們話題敞開，就沒完沒了。里克天天泡咖啡做早餐給太太和我享用，當則做晚餐給我們吃。

在我借宿期間，里克和當提前離家踏上旅程，不但允許我繼續住下來，還把他們家大門的密碼鎖號碼給我。你說，那樣的信任，是不是叫人感動？

在沒有旅行時，我也開放自己的家讓陌生人來住，這是我很喜歡的旅行交友方式。我也充分信任人，我喜歡有人來住在我家，讓我有對象學習。

Chapter 7

培養好興趣，陪你一輩子

老年人若有自己的興趣嗜好，除了可以排遣無聊，更可以解除寂寞。從一個興趣延伸到另一個興趣，不但生活充實，也是交友的利器。

有一個人退休後無所事事，只喜歡到歌廳去聽歌，為此常跑西門町的紅包場。他太太為此不高興，就對他說：「既然你喜歡聽歌，為什麼不買個樂器學音樂？」

完全沒有學樂器的經驗，也自認沒有音樂細胞的他，聽到太太這樣說，覺得很有道理，就買了一部手風琴來自學。他看著樂器的指示天天學，有時候上YouTube學習。兩年下來，他彈手風琴彈得有聲有色。我在台北植物園聽到他用手風琴彈台灣老歌，感覺棒透了。

何以解憂，唯有嗜好

嗜好，除了是排遣無聊時用的，對於解除寂寞的效果也很大。壓力大時，嗜好更是最佳的解憂藥。嗜好，也可以做為寄情和陶冶身心之用。我無法想像一個人若沒有嗜好，怎麼能活下去，怎麼能活得好。有道是，不玩，就無聊；不玩，就活不下去（No game, no fun; no game, no life.）。想想看，《紅樓夢》和《金瓶梅》兩本古典小說中，有多少好玩的遊戲在進行。

嗜好可多可少，有好幾個嗜好的話，就可以互相交替著玩。有的嗜好一個人就可以做，有的嗜好則需要伙伴一起進行。

書法、畫畫、籃球、排球、網球、乒乓球、跳舞、象棋、跳棋、西洋棋、種菜種花、養魚、麻將……戶內戶外都行，要動要靜，就看自己的興趣而定。有的嗜好便宜，甚至不需花一毛錢；有的嗜好昂貴，例如玩車，尤其是玩跑車，那可就不便宜了。

在美國東岸旅行時，我發覺人的興趣和嗜好愈多，就活得愈健康和愈快樂。我在有機農場做義工時，就學了騎馬、種菜、溜冰、自製有機食物，和滑雪等等。接待家庭們幾乎個個都有嗜好。住在陽光地區的人，有陽光的嗜好；住在冰雪地帶的人，則大大享受了雪地特有的活動。

我在南卡的接待家庭興趣很廣泛，既是高爾夫球教練，也是體操教練，還懂不少球類活動。

在北卡的接待家庭也是，他們的嗜好是冰上曲棍球、攝影、旅行、瑜伽……

在新罕布夏州的接待家庭有幾個，他們的嗜好是划船、滑雪、溜冰、雪上散步、編織、衝浪、攀岩，並懂多種樂器，薩克斯風、小提琴……

在緬因州時，我的接待家庭有兩個，主人的嗜好是網球、乒乓球、英文文字遊戲（Scramble）、字謎（Crosswords）……等等。

興趣，讓晚年重新啟動

艾力克約四十歲時，在台北新店溪畔看到人家玩模型飛機，十分心動，就靠近看人家怎麼玩模型飛機，怎麼組裝。接著，他就一頭栽入模型飛機的世界，只要有空，就專注研究模型飛機和飛行。

七年前，艾力克和愛麗絲移民美國。離開台灣讓他們寂寞得很，就開始找到自己熟悉的嗜好——模型飛機。

他先搞清楚了美國的模型飛機規定，需要考試通過，拿到許可證，還得到規定的地點才能飛行。

由於模型飛機，他們在那兒認識同好。二十年的模型飛機經驗，讓艾力克投入不少的時間和金錢，而那些快樂就是模型飛機的世界。不只模型飛機，艾力克還進一步的走入模型船和模型車的世界。「那些模型的東西，機身（或船或汽車）便宜，而昂貴的部分是相通的，如器械方面，不必另外購買。」艾利克說。

從一個嗜好延伸到另一個嗜好，又不必多花什麼錢，聽來很不錯。

培養興趣非常重要，有時候興趣會救人一命。像我在美國大學讀的是數學系，壓力大得不得了，如果我沒有每星期打桌球幾次，我可能會陣亡。

桌球是我十三歲時就培養的興趣，至今沒有變過。

每個人都可以培養幾種不同的興趣，而閱讀是最容易入手的。找到自己喜歡閱讀的書，你將會一書在手，渾然忘我。閱讀的範圍很廣，開放自己對閱讀世界的探討，不必侷限於某一類型的書籍。例如讀數學系後，我對科學和數學有關的小說，也讀得津津有味。

如果你沒有什麼興趣，不妨開放自己試試看。花一些時間和學費學些嗜好或興趣，豐富自己後半人生，絕對值回票價。

像八十二歲的白莞花，從來沒有接觸過雕塑。有一年，她的畫家兒子李永裕和媳婦薛幼春要舉辦一個家族藝術展，就教了媽媽一些美學和雕塑觀念。白莞花以自己對動物的觀察和瞭解，雕出了非常可愛的動物雕像來參展。從此，雕塑在白莞花的生命起了作用，讓她的晚年更多采多姿。每次談到雕塑，白莞花就笑開懷。我看到白莞花在雕塑時眼睛放出光芒，實在美啊！

而薛幼春也不是學院出來的畫家，她成為畫家是有一次在幫丈夫洗畫筆時，意外試著學習作畫，才走上畫家之路的。

秦梅君和常凌航這對八十三和九十歲的夫妻則是把已經丟掉一輩子的興趣找回來。秦梅君的父母來自北京秦劇團，媽媽韓子峰演老生，與梅蘭芳同師，爸爸秦月樓則演武生，還教王海玲武功。秦梅君從小在京劇環境長大，剛來台時，秦梅君在海軍唱了六年的京劇。結婚後，秦梅君就退出了京劇。進入老年後，不知該怎麼辦，有一天，常凌航對太太說：「孩子都長大，妳很久沒唱戲了，何不繼續唱？」於是，秦梅君天天練氣功，練丹氣，打坐盤腿數小時，還天天唱戲。秦梅君到大陸旅行時，買京劇的配樂回來，就自己唱自己錄音，不滿意就重新錄，每天花兩三小時在唱京劇。

現在，秦梅君有時候唱得太忘我，常凌航就對她說：「妳唱太久了吧！」愛開車的常凌航，九十歲了，至今仍自己開車呢！他們的女兒常玉慧就覺得爸爸媽媽的老年生活很不錯，不必子女擔心，家人只是不讓爸爸晚上開車罷了。

如果你還不知道怎麼樣找到嗜好，那麼以下的方法可以幫助你。

探詢自己的喜好

八個方法，可以知道你的喜好是什麼。

1. 你喜歡戶外活動嗎？例如登山，散步，跑步……或者你就是個宅人，比較喜歡在家或室內活動？

2. 在學校時，你喜歡的科目是什麼？喜歡閱讀嗎？

3. 你喜歡的食物是什麼？義大利麵、冰淇淋？或標榜健康的食物，如豆腐、蔬菜？還是你喜歡速食？

4. 你的電腦能力如何？很強、普通，或是完全不熟悉？

5. 你喜歡的衣服質料是什麼？是自然材質，如毛料、蠶絲，或純棉？還是人造纖維？

6. 你用什麼方法整理你的思緒？條列在紙上？和自己對話？或隨機寫在紙上？

7. 你覺得自己的最佳學習方法是什麼？你是視覺型？聽力型？動手做型？或視覺型＋動手做型？視覺＋聽覺型？或聽覺型＋動手做型？

8. 你認為最棒的氣候是什麼？陽光？下雨？陰天？

若你要知道自己的愛好是什麼，可以上這個網站（http://www.allthetests.com/quiz30/quiz/1333141222/What-Hobby-Should-You-Have）測試一下，藉由測驗，循線找出自己的愛好和興趣，很科學吧！

藉由自己的個性特質找出嗜好

CNN的網站從許多個面向教人家用自己的個性特質去測試，以此方法找出自己的嗜好。

怎麼測試自己的特質呢？舉例來說，可以從以下這類問題開始：

1. 你比較喜歡做什麼？園藝、學習、去外國旅行、玩電腦、上博物館、去公園或做菜？
2. 你喜歡什麼樣的電視節目？國家地理頻道、棒球、科學、宗教？
3. 你喜歡什麼類型的書？自我成長、寂寞星球自助旅遊書、部落格的集結作品、詩、食譜？
4. 你紓解壓力的方法是？瑜伽、畫圖、兜風、做花園工作、烹煮自己最愛的食物、玩電動玩具？
5. 你週末時最喜歡住的小木屋是什麼？有網路、靠近登山小徑、遠離其他人、如藝術家的廚房、特殊的地方、電子書、優美家具？
6. 你最愛的小配件是什麼？運動防滑板、食物處理機、你的平板電腦、你的工具袋、你的護照、你的相機，或是瑜伽墊？

7. 如果你能從事其他工作，你會想做什麼？開飛機的機長、小說家、室內設計師、餐廳的廚師、足球員、老師、網路設計者？

8. 你最喜歡的網站是什麼？運動網、食物網、部落格網站、交友網站、新聞網、旅遊網、室內設計和烹飪網？

9. 如果錢不是問題，那麼你會想做什麼？爬聖母峰、拜訪達賴喇嘛、成立一間錄音室、遨遊全世界、開一間餐館、重新整修你的家、設立一個家庭電影院系統？

10. 你最喜歡以下的那部電影呢？《環遊世界八十天》、《巧克力冒險工廠》、《電子世界爭霸戰》、《心靈捕手》、《美夢成真》、《錢坑》、《阿瑪迪斯》？

11. 你的朋友描述你是什麼樣的人？好奇心重的人、搖擺不定的人、愛運動的人、焦躁不安的人、飢餓者、激勵者，或是手巧的人？

12. 你最愛的歌是什麼？

13. 被擱淺在荒野小島上，你沒有什麼會活不下去？高爾夫球具、燒菜鍋、特殊的膠水、筆記型電腦、量尺、雙筒望遠鏡、晚間課程？

如果你想做個完整測試，以自己的特質找出適合自己的嗜好，不妨上ＣＮＮ的網站（http://www.cnn.com/SPECIALS/2007/leisure/quiz/）測試一下。

Chapter 8

欣賞獨處的人生況味

人緣再怎麼好，相聚再怎麼歡樂，總要面對聚散離合。孤獨是生命的本質，學著陪伴自己吧，欣賞獨處的美好，晚年才更加圓滿。

梭羅住在華爾登湖畔寫成的那本書《湖濱散記》，引起很大的震撼和迴響。

為了體會梭羅一個人在華爾登湖畔隱居兩年時如何獨處，我特地於二〇一四年一月到華爾登湖畔他曾經隱居的地方去體會一番。

華爾登湖位於美國東岸麻州的康科德鎮的郊外，被很多樹木環繞，是與世隔絕的一座湖。站在梭羅曾住了兩年的地方，我問自己，要我一個人在那個地方隱居兩年，有沒有可能？我會有什麼感覺？

從小在台灣生長的我，舉目所及都是人，看人是我的愛好之一。因此，我對自己說，我做不到。而梭羅白天外出講課或訪友，並不是日夜都在湖畔。

後來我進入康科德鎮，那是梭羅出生長大的一個小鎮，也拜訪了梭羅的家，以及美國思想家和文學家《論自然》的作者愛默生（Ralph Waldo Emerson, 1803–1882）、《紅字》的作者霍桑（Nathaniel Hawthorne, 1804–1864），及《小婦人》的作者奧爾柯特（Louisa May Alcott, 1832–1888）等人的家。

除了拜訪了這四位作家生前的居住地，我甚至還拜訪了他們長眠的山谷。康科德鎮是一個有意思的城市，非常體貼的把四個作家的長眠之地安排得很靠近。這樣一來，連死後要談論想法或寫作，都有適當的伴可以討論。

因此，不論是隱居或共居，在精神上，梭羅都不寂寞。甚至連長眠的地方，他也有其他三位作家為伴。

人無法離群索居

這就表示了，我們是人，我們很難離群索居。但我們隨時都要獨處，因此，我們得培養獨處的能力。我們得承認，獨處是非常不容易的一件事。獨處時，一個人要能夠自在，非要有很強的定力和沉靜的內力不可。

每個人或多或少都需要有獨處的時光。有的人獨居，獨處的時間就更長。而有伴侶或家人共居者，還是會有獨處的機會。

無論對東方社會或西方社會來說，獨處，都是一門很大的學問。而且，以傳統角度來說，東方社會對於單身者，總容易給予異樣的眼光，好像不成群結隊是很奇怪的一件事。

不過，就算是獨居，也總有一些朋友和家人；一個人居住，也還是會和朋友相處，或一起旅行，一起做些什麼事情。獨處，不必然就會寂寞。獨處也許是一種孤獨的境界，但獨處和寂寞之間，並不能劃上等號。

一般來說，作家擁有較強的獨處能力。說我好了，在寫書期間，我就喜歡獨處。在獨處下，我的思考更深入，我的創作力更強。但在平時，我是很人來瘋的人。那也表示，在很多人與我一起時，我無法靜下來專心寫書。

獨處：駕馭自己的心

我的一位朋友退休時，慌亂得很。他花了很多時間學習獨處，後來，他發現獨處很簡單，獨處也很自在和快樂。

「你怎麼學習獨處的？」我問他。

「獨處最難駕馭的是自己的心。」他說。

他告訴我：「儒家講求道德的人生，道家是藝術的人生，佛家於世間則力行慈悲喜捨。仁義禮智信、逍遙自然清靜無為、無緣大慈同體大悲，若能調和做為個人的參考，是不錯的主意。宗教信仰也有助於老年獨處，任何宗教均可，藉由禮敬、禮拜或禱告等都能讓自己安詳平靜。畢竟學習或參與任何活動之餘，總是得回歸獨處。」

他還告訴我，淡泊寧靜＋捨得＝老年獨處＋維他命。

獨處，是每個人都該具有的現代生存能力。不論是自願獨處，或被迫獨處；不論是住在城市中，或住在山區小鎮，我們隨時隨地都在獨處，只是大部分時間環繞著一些人，也被一些人所環繞，因此，我們忽略了自己其實正在獨處。

獨處：就是要愛自己

要獨處得好，首先就是要和自己相好。要能夠和自己相處，就要喜歡自己，這點很重要。而要喜歡自己，就要先養成接受自己的能力。

怎麼接受自己？長處，要欣賞；短處，要包容。在接受自己時，還要不挑剔自己，不批判自己。

有些人對別人讚美，也欣賞別人，但好像就要隨時批評自己這個不好那個糟糕，以顯示自己的謙卑，我覺得那樣太矯情。我的想法是，誰是完美的人呢？這個世界並不完美，也沒有完美的人，何必對自己吹毛求疵呢！

不喜歡別人的人，通常也不喜歡自己；和別人相處困難的人，通常也和自己相處困難。反過來說，因為不喜歡自己，也就不喜歡別人；因為和自己相處困難，也和別人相處困難。

像這樣的情況，就要先突破自己的防線，問問自己，為什麼不喜歡自己？自己有哪些地方讓自己看不順眼？為什麼會不順眼？是否個性上太挑剔了？花一些時間和自己對話，把自己內心的那份對自己的憤怒抓出來，審判一下。該痛就痛，痛過就好了。而且要努力給自己創造一個美好的居家環境，讓自己身心愉快。

要找到內心底層的憤怒時，一定要先瞭解自己，究竟自己是什麼樣的人？瞭解自己後，接受自己，也試著喜歡自己。如果真有那麼討厭自己的地方，想辦法修正就是。該拋掉的壞習慣，也不必捨不得，就拋呀！

如果是太多慾望讓自己過不去，不妨回到內心深處去看看，為什麼自己有那麼多慾望呢？解決自己的慾望問題，你同時就會解決很多人生的疑難雜症。如果你是一個喜歡鞋子的人，買了很多鞋子，甚至一整個房子都是鞋子，你有可能不但無法享受那些鞋子，反而會被那些鞋子壓迫，何喜之有？

培養愛自己的能力，是終其一生不能少的能力。每個人都該努力學習這種能力，才能開始喜歡自己，和自己相處得更好，這樣就不怕獨處了。討厭自己的人，看什麼都不喜歡，包括不喜歡這個世界。但，沒有人能逃過自己。你不喜歡別人時，走開就是。但你不喜歡自己時，你能逃離自己嗎？不行。

如果你不喜歡你身處的環境，包括社會和國家，那麼，就去改變。如果你無法改變，不妨就去適應。如果無法適應，就想辦法搬家。至於要搬到哪兒，就自己看著辨。

對我來說，隨遇而安是很重要的。走到哪兒，就喜歡那兒，隨遇而安就是。當年紀從三十到四十，要隨遇而安；從五十走到六十，或者到七十或八十，甚至到了九十、一百歲，我還是要隨遇而安。要喜歡我當下的年紀和狀況。

獨處時，怎麼讓自己舒服些呢？以下是我個人對獨處的作法：

(1)冥想

獨處，第一個可以讓你快樂的，是冥想。一個人可以冥想，多人一起也可以冥想。而獨處最好的，無非是可以冥想、沉思，或打坐。

你相信冥想的力量非常非常巨大，能影響人的快樂和健康嗎？你知道這世界上最快樂的人是誰嗎？

根據美國威斯康辛大學麥迪遜分校的心理暨精神病學教授李查．戴維森（Richard Davidson）〈長期冥想打坐者在精神練習時自發產生高幅度同步伽馬波〉（Long-term meditators self-induce high-amplitude gamma synchrony during mental practice）（http://www.ncbi.nlm.nih.gov/pmc/articles/PMC526201/）研究，西藏的喇嘛是世界上最快樂的人。最主要的原因是，西藏喇嘛最常冥想，研究出來的結果是，他們的左右腦的比率是最高的。而這個長達十五到四十年針對八個西藏喇嘛和十個未曾打坐冥想的學生在冥想時做比較的研究，發現喇嘛們的伽馬波非常高。戴維森教授用腦電圖（EEG）測試和腦波掃描測量這群喇嘛們和學生的大腦所發出的伽馬射線做出了結論。左右腦比率高，就穩定，就快樂。不只這樣，連健康都受到影響。愈快樂的人就愈健康，這也是來自於左右腦比率的關係。

而左右腦比率是可以透過行動改變的。冥想，就是具體的例證。

為什麼左右腦比率高會讓人快樂呢？主要是，左腦前額葉的中心是處理好的感覺，當活動是在左腦時，左腦被壓抑，感覺就憂鬱，傾向於負面；而右腦前額葉的中心是處理壞的感覺，當活動在右腦時，右腦被壓抑，人就感覺很好，是正面的傾向。所以，出生後愛哭的小孩，就是左腦在活動。

戴維森後來針對西方人連續做了八個星期的腦部研究，讓那些人冥想，活動結束後繼續追蹤，他發現那些人的情況都進步了。

另外，史丹佛大學神經學家科尼深（Brian Knutson）也針對西藏喇嘛們打坐冥想和憐憫慈悲之間的關係，（Stanford studies monks' meditation, compassion）（http://www.sfgate.com/health/article/Stanford-studies-monks-meditation-compassion-3689748.php），用MRI掃描做研究，影像顯示喇嘛們的基底核擴大。而更早之前（三十年前）麻州大學醫學院的教授卡巴心（Professor Jon Kabat-Zinn）也

針對慢性病人做六星期的打坐冥想減壓緩痛做研究，都發現打坐冥想效果大。冥想對進入老年的成效也很可觀。

一個人獨處，練習冥想，效果應該是可以預期的，只要專注在呼吸上就行。每天早晚各冥想三十分鐘，會讓自己快樂又健康，還不花分文。

(2)看電影

從二十幾歲開始，我就培養了一個人到電影院看電影的嗜好。

第一次我自己要走入電影院，覺得怪怪的，好像渾身不自在。後來，多看幾次電影後，就覺得喜歡了。不必邀人一起看電影，反而更自在，要看早場、晚場，或下午場，都隨自己的意。

(3)旅行

說到旅行，我也是二十歲時就開始一個人背著背包走天下。一個人在異國的機場，搭車入城，尋找旅館，一個人住旅館，也一個人吃飯。然後，帶著地圖，就開始按圖索驥的旅行，找自己喜歡的地點去探索。一次長達兩個月的異國旅行，大體上都是一個人過的，有時孩子和我同行。偶爾也和人相逢，結伴共遊數日。

我也常因一個人旅行，認識一些非常棒的人。就是因為一個人行動，有時候就

會更喜歡找陌生人聊天，而和陌生人相處，總是給自己帶來意外的喜悅。對我來說，陌生人是我未曾結交的朋友。

(4) 走入他人的世界

我喜歡找人聊天，不論是陌生人或熟識的人。我會去參加各式活動，有時候還主動問別人，我可否參與那個活動？

參與多種活動，會讓自己的身體更好。獨處的人，如果要跳脫寂寞，就要養成主動的習慣。如果你不喜歡安靜，就別沉默，找機會認識人，並對人表示興趣。例如前幾天我就去拜訪一位剛認識的朋友，並邀她一起在她的社區散步。當時，我們看到有人在自己家的院子舉辦二手拍賣，便趨前看看。我們一走入那個院子，六十八歲的賈姬立即前來招呼我們，說有一件皮衣非常漂亮，她花兩百美金買來送給孫女，而孫女才穿一次就不要了。

「這件皮衣，我才賣二十五美金。如果妳要的話，價錢還可以商量。」

我們看看衣服又看家具，賈姬解釋，那些家具是鄰居老先生委託她賣的。

聊啊聊，我談到自己是作家，賈姬立刻拉我進入她家，說要介紹她最要好的朋友海倫讓我認識。海倫也是創作者，寫的是歌詞。就這樣，我們幾個人聊天聊得很開心，還互相留下聯絡方式。

(5) 享受獨處

安妮塔的媽媽七十二歲時喪夫，安妮塔在爸爸過世的那天晚上問媽媽，要不要她陪睡？你猜她的媽媽怎麼說？

「如果我未來的歲月都需要獨居，那麼，我最好就從今天開始。」安妮塔的媽媽立即接受自己的處境，並沒有唉聲嘆氣或覺得自己一個人很可憐。當然，她也沒有認為這個世界拋棄了她。而安妮塔從爸爸過世後，每天打電話問候媽媽，沒想到有一天她的媽媽在電話中對她說：「妳不要常打電話來，我有我自己的生活和隱私，我不要妳觸探我的隱私。」

(6) 讀書

獨處的時候，我多數時候都在讀書。不論我在台北的家，或在美國的家，或者外出旅行，我總隨身帶了不少書陪伴我。讀書，讓我感到快樂。讀書時，總是要獨處，才真能體會書的韻味。

(7)音樂

讀書的時候，我也聽音樂。在美國，我固定收聽美國公共電台，那兒有許多古典音樂，和全世界最棒的音樂會轉播。交響樂是我的最愛，我喜歡交響樂的氣魄，古典樂讓我身心舒爽，搖滾樂叫我飛翔，鄉村音樂很有人的感覺，我也愛歌劇的盪氣迴腸。

(8)寫東西

獨處的時候，我還喜歡寫寫東西。即使你不是作家，也可以寫東西。隨身帶一本漂亮的筆記本，記下自己的想法或者觀察到的事物。經年累月下來，有空或無聊時翻一翻自己過去寫的東西，也許會有豁然開朗的感覺。

過去我寫日記一直是三分鐘熱度，從來沒有完成過一整年的書寫。前幾年，我就訓練自己，非得完成天天寫日記的習慣不可。當我懶惰時，我就提醒自己：「嗨！試試看吧！」當一年份的日記完成時，我為自己喝采，說：「我辦到了。」

有了那一年的經驗，第二年我繼續寫日記時，困難度就降低了。

前幾年我在美國阿拉帕契山區爬山時認識了一位女士，她送我一本隨身攜帶的登山記錄。「妳每次爬山時，就記錄一下妳的登山活動。」她如此教我。寫東西的方式可以很自由，很不同，隨手寫一些自己的觀察和感覺，也是很棒的經驗。

美國有一位作家，寫了一輩子小說，總是被退稿，從沒有被出版社出版。到九十來歲時，他心血來潮以自己居住的街道為主題寫小說，一鳴驚人。那條街的一頭是基督徒，另一頭住的是猶太教徒，兩邊教徒不相往來，連年輕人約會都是禁忌，他以此做為題材，寫自己的故事。接著，他再接再厲寫下第二本自己的故事，出版後反應也不錯。到九十六歲時寫下第三本他的故事前，甚至有基金會頒給他一筆高額獎金，支持他寫書。一百歲時，他正在寫第四本書，而辭世時，那本書還沒有完成。他的晚年，因為書寫而得到更大的快樂，和對自己的肯定。

(9) **讓自己忙碌**

如果獨處時讓你感到被寂寞吞噬，那麼，想辦法讓自己忙碌，找一些事情來做。忙碌，是解除寂寞的最好方法。要忙什麼呢？可以種花蒔草，可以學習樂器、書法、畫畫、拉胚……就看自己喜歡什麼，就學什麼。

(10) **做義工**

做義工也是好方法。許多單位都需要義工，尤其醫院、圖書館、博物館、美館等等。還有，自己居住的社區也需要很多義工。我喜歡為自己的社區做義工，那是我認識鄰居的好方法之一。

現代人那麼長壽，退休後還有三、四十年，甚至更久的生命，如果全部用來吃喝玩樂，久而久之，就會覺得生命缺乏意義。

《活出意義來》（*Man's Search for Meaning*）一書的作者弗蘭克（Viktor Frankl），他是精神學家，也是猶太大屠殺倖存者，在二次世界大戰時，他和許多猶太人被希特勒關在集中營。集中營的日子面臨的是生死交關，而弗蘭克發現，內在生活一旦活絡，就會感到美的存在，有時候，連可怕的遭遇都會因此而忘掉。弗蘭克在集中營時克服了自我的頹喪和數次面臨死亡的威脅，讓他活下來的，是他要完成著作的使命，這讓他創造了意義治療。

意義治療有三個層面：(1)藉著創造和工作；(2)藉著體認價值；(3)藉著自己受苦，找到自己存在的意義。

退休，不必然就是什麼都不做，而是讓自己二分之一或三分之一退休，其他部分則可以繼續當義工或工作，藉此來讓自己活出意義來。

除了當義工，也可以創立基金會幫助年輕人，例如嚴長壽退休後到台東創辦教育實驗工程，做得有聲有色；而李家同則成立博幼基金會，針對經濟弱勢家庭的學童，透過「課後輔導」提升其教育程度，進而增加競爭力。

他們行，你也可以。

⑾上網找同好

如果你的個性是害羞的，不喜歡直接和人家面對面，那麼，這是一個地球村的年代，網路一線牽，只要上網找到自己喜歡的社群加入就行了。

例如，如果你喜歡搜集古物，就上古物的網站，那兒有許多同好。你可以加入相關社群，和有共同興趣的人在線上聊天。如果你喜歡動物，也可以上動物的網站找到同好。諸如此類。

⑿養寵物

寵物，就像家人一樣。有時候寵物比家人更好相處，例如我養狗時，我家的狗兒對我熱情得不得了，一見到我回家，就立刻撲上來，又吻又抱的。

想想看，哪一個家人會對你如此熱情？孩子小的時候是這樣，長大了，就不願意這麼熱情了，不是嗎？

但如果你不是很熱情的人，就是喜歡安安靜靜的，那麼，養貓是再好不過了。貓很獨立，不想人家黏牠們。貓總是自己躲到自己喜歡的地方去，偶爾才會想要人家撫摸擁抱一下。

養魚也挺好的，如果你不介意付電費的話，養魚看起來賞心悅目，餵魚時，牠們會自動靠上來。魚兒很懂人性，餵食習慣了，以後只要你走近牠們，也會靠過來親近你。

Chapter 9

改變，年紀不是問題

人到中老年，想改變舊有的既定思考，不是不可能。雖需費一番工夫，卻值得一試。一旦跳脫出來，迎接你的，就是寬廣的新生。

你相信緣分嗎？有時候我們說，和誰很有緣，一見面就投機。有時候，我們說和誰無緣，一見面就爭吵。若更深入的觀察，有時候我們喜歡一個人，是沒有理由的，而討厭一個人，也可以是沒有理由的。

更多時候，其實是個性關係，讓兩個人之間不能靠近，水火不容。有時候個性太憋，看什麼都不順眼，就容易被說成是天生不快樂的那種人。

每個人從小到大，或多或少，都有一些不快樂的事情在心底疙瘩著。而疙瘩不除，人就很難完全快樂。

母女爭執，一觸即發

從小，我和媽媽之間的關係，就是水火不容。媽媽嫌我長得醜（美國總統小羅斯福的太太愛蓮娜的媽媽也嫌她醜，對她特別的壞），而且，不論我做什麼，媽媽都反對，都討厭。我從小愛閱讀，媽媽為此討厭我討厭死了。她說，書能餵飽妳嗎？

對不識字的媽媽來說，傳統勝於一切。不管是不是迷信，只要村人說的話，對她來說，就是重要的。媽媽很在乎別人的看法和批評，所以，她的一言一行和穿著，全都照著他人的想法，奉行不悖。她也是非常重男輕女的人，連她手術住院，都非得女兒和媳婦日夜照顧不可，而兒子只要探訪就好得不得了。

媽媽看不慣我的穿著，說我太不重視打扮了。媽媽還說她恨我，說我欠她。我問她，我欠她什麼？她沒來由的說，我吃她的奶兩年。媽媽是一個什麼都要管的人，就算我五十幾歲了，她還是管個不停。她認為不管我，就太便宜我了。

所以，我們一碰面，就吵。吵了，我就哭。我對媽媽的疙瘩，很深。

遇見「肯定句媽媽」

二〇〇三年七月我陪女兒到美國讀書，認識了比我媽媽年長七歲的安妮塔。一見面，她問我有關於我的一切，我如實的說了。

她連連讚好，太好了，妳太棒了。我很以妳為榮、以妳為傲……

當時的我，聽到安妮塔對我的肯定，驚訝得不得了，怎麼同樣的事情，同一個人，在不同的聆聽者之間居然得到完全相反的反應？我的媽媽一路否定我到底，而安妮塔卻完全肯定我。

因此，只要我的大學放假，我就開四小時的車到羅馬城去拜訪安妮塔。安妮塔教我做美國菜，教我美國文化，教我怎樣才會活得更好，教我智慧，還教我重新認識我的媽媽，也教我要用對的方式去愛，最後並教我要寬恕自己，也要寬恕我的媽媽。大約六年時間，安妮塔一直用她的肯定方式在為我治療五十年來，來自媽媽的創傷。這樣的療癒過程，讓我寫了《我的肯定句媽媽》一書。當《我的肯定句媽媽》出版後，因為書封底附有我的Email信箱，我收到不少的讀者來信，男女都有。寫信來的讀者，說讀了《我的肯定句媽媽》，很痛，哭得很慘。他們為自己痛，也為自己哭。原來台灣有不少人，在成長的過程，都受到親人的錯待。

當然，還有人告訴我，《我的肯定句媽媽》幫助他們療傷，讓他們走出自己幾十年的隱痛。每個人內心深處的傷，一定要想辦法療癒，尤其是進入中年後，身體開始反撲，更要從最根柢的部分去療傷。

上一代的傷痛

療傷對自己的好處很多，除了維持身體上的健康，心靈也會更加的寧靜和諧。而療傷對進入晚年的生命，更是沒有遺憾。在這麼長的時間裡，我也放空自己對媽媽複雜的情感，試著從不同的角度看她。我同情媽媽十二歲就喪母，但我不同意我是長女，所以同為長女的媽媽，就因此而將她的喪母之痛轉嫁到我這個長女身上的說法。即便媽媽常帶著哀怨的口氣對我說：「我十二歲就沒有媽媽，我哪有妳那麼好命。」我還是沒有陷入媽媽轉嫁她的匱乏到我身上的情緒。

但我的美國同學們知道我媽媽對我的態度和她對我說的話時，總要告訴我，我的媽媽嫉妒我。

「她嫉妒妳有媽媽，她嫉妒妳識字，她嫉妒妳的才華，她還嫉妒妳會賺錢，她甚至嫉妒妳的獨立能力。」她們不約而同的對我這樣說。甚至還有美國同學看到我媽媽的照片後說：「或許她還嫉妒妳漂亮。」

究竟我的媽媽是不是嫉妒我，我真的不知道。我從來沒有嫉妒我的女兒，但我相信，天底下有不少母女情仇存在，我也讀過一些心理學上關於母親和女兒之間的先天和後天的複雜糾葛。

我的美國同學和美國朋友對母親和女兒之間的糾葛說法，和台灣朋友們的處理方式以及態度很不一樣。

台灣的朋友總對我說「天下無不是的父母」，或是「丘引，妳的處境比我好太多了，我的媽媽……」我的妹妹瑞蘭還不滿的對我說：「妳怎麼可以說媽媽的不是給別人聽？」她認為我的媽媽比起一些讓子女負債，或者老了不但要依靠子女，還頤指氣使要媳婦伺候的老媽媽好太多了。

改變永遠不嫌晚

我的妹妹認為媽媽老了，不可能還會成長。而我一直相信，只要願意，媽媽一定可以成長。我想，我是對的。

六年後，也就是二〇一四年的母親節，我們為媽媽慶祝八十一歲生日。我們所有的兄弟姊妹全部到齊不說，媽媽的孫子女也幾乎全出席了這個生日派對。在午餐開始前，我的媽媽居然當著大家的面對我們說：「我所有的孫子女都很漂亮。」哇！真是難得。一個一輩子都在挑剔人，都在吹毛求疵的媽媽，竟然脫口而出說，她的所有孫子女都很漂亮，這實在是很了不起，很偉大的改變。

我非常驚喜於媽媽的改變，我的兄弟姊妹們也都開心得不得了。我們都知道，我的媽媽很難取悅，而在她喪偶八年後，一人獨居，感到深沉的寂寞下，三代相聚的熱鬧，讓媽媽打開她的心扉。

母親節過後一個月左右，我的朋友和我一起南下探望我媽媽時，我媽媽當然不免還是要訴說一下以前有多窮多苦，接著，她對我的朋友說起我來：「她最聰明，隨時隨地都在牆角讀書，掃地掃到哪兒只要有書就動彈不得。」

這是我第一次聽到我的媽媽肯定我，說我聰明。她叫我阿獃或大胖獃幾十年了，那真是太難能可貴的改變，為此我偷笑了許久。

以前我的媽媽談到我做家事，總用「懶惰」這字眼，如今，居然換成了「聰明」。你說，這有多大的差異啊！我媽媽開始朝著肯定句的路上前進了，真是可喜可賀！不但這樣，我的媽媽居然拿咖啡請我和我的朋友喝。我的媽媽居然也喝起咖啡來了，天啊！我不敢相信那是真實的。

如果我的媽媽能改變，能成長，我真的相信，海會枯，石會爛。

妳的媽媽也曾過妳的家門不入，只因妳是女兒而非兒子嗎？別再傷心，我的媽媽也是如此，而她似乎開始轉變了呢！

以愛療傷的過程

活過了一把年紀，重新整理自己的成長史，讓自己心底的陰影攤在陽光下曬一曬，在那些陳年傷口上面又撒上鹽巴，是很不容易的過程。但我想，這是值得走的人生路。

你願意嗎？勇敢一點，或者，你也可以找一個人當你的肯定句媽媽，陪你療傷。如果你沒有對象可以找，那麼，把安妮塔也當成你的肯定句媽媽，並將《我的肯定句媽媽》多讀幾遍，對你會有所幫助。

誠如安妮塔說的，就算她和我的感情再怎麼融洽，怎麼親密，她都不能取代我母親。「所以，無論如何，妳還是要愛妳的媽媽，但要用對的方式去愛她。靠近她若會灼傷妳，就保持距離。但妳一定要讓她知道，妳愛她。」

對於愛這件事，安妮塔強調，愛和喜歡不一樣。「妳要愛妳的媽媽，但妳可以不喜歡她。」

安妮塔幫助我療癒和媽媽之間的傷長達六年，後來，我們還是繼續深入這個療傷課程。療傷，目的是讓自己成為一個完整的人，也是為了降低將來老年疾病發生的可能，讓自己的晚年更健康。當然，內心裡那分火爆情緒，也因療傷而紓解了，讓自己的靈魂更加自在。更重要的是，在安妮塔教我用距離去愛我的媽媽後，如今我去探望我的媽媽，我都將自己的時間設定在幾個小時之內。這樣的設計，很意外地，讓我媽媽沒有機會罵我，而她似乎也察覺了我在降低和她起衝突的機會。也許這是她第一次，也是唯一一次說我聰明的原因。

有些人就是天生不快樂，像我的媽媽就是這樣的人。面對天生不快樂的人，你的療傷時間就會更長。但還是一句話，那是值得的。

Chapter 10

跟自己和解，跟全世界和解

世上最難翻越的那座山，就是自己。寬恕他人或許不易，但自我寬恕往往更難。跟自己和解，解開心中的結，你會發現，全世界的門都已為你打開。

美國影星珍・芳達在晚年時，花很多時間重新探索她父母的過往，並深入採訪那些認識她父母的人，最後她的結論是：「我的父母有他們自己的狀況。而我能做的就是原諒他們，並接受所有發生過的事情。在寬恕他們之後，我就放下對他們的複雜情感了。」

珍・芳達的媽媽童年被性侵害，國高中時曾和許多男生上床，並數度墮胎。她媽媽一直患有躁鬱症，並在珍・芳達成年後自殺。很長一段時間，珍・芳達不能原諒自己，以為她媽媽討厭她才自殺，以為自己是媽媽自殺的因子。

在採訪母親友人及閱讀媽媽的日記後，她發現了媽媽國高中的日記上，寫的全部是「男生」。原來由於她童年被性侵害，無法從傷害平復，就傷害自己的女兒。而珍・芳達的爸爸亨利・方達是美國非常有名的演藝明星，卻也有躁鬱症。顯然，珍・芳達的家族，父母雙方似乎都有躁鬱症的困擾，而珍・芳達本人也深受其害。

後來珍・芳達因研究和採訪而認識了她父母的生平，反而幫助她走出長期憂鬱症的痛苦。寬恕父母之前，珍・芳達先寬恕了自己。

沒錯，我們是人，只要是人，都會犯錯。每個人或多或少，都有難以釋懷的人事物。有人讓我們耿耿於懷，一見就不舒服，但我們必須要原諒自己所犯的錯，同時也要原諒別人。

寬恕力量大

杜圖主教（Desmond Mpilo Tutu）是諾貝爾和平獎的得主，他曾於二〇〇七年訪問台灣，並以「轉型正義」為主題發表演說。他是南非開普敦的聖公會前任大主教，亦是南非聖公會首位非裔大主教，為南非種族隔離政策奮鬥了一輩子。

二〇一四年，杜圖和他的女兒合寫一本書，叫做《寬恕之書》（*The Book of Forgiving*）。杜圖的女兒博士論文研究的就是「寬恕」。為什麼要寬恕？從心理學、宗教、哲學，和醫學上，都有因寬恕而獲得健康的案例，也有四十六個針對寬恕在不同科學上做的研究。神經學家也發現，寬恕讓頭腦不一樣，身心靈更健康。

杜圖說，寬恕是一種療癒力量，讓自己成為一個完整的人。他還說，寬恕別人時，也讓自己找回過去被綑綁的自由。

杜圖的父親在婚姻中毆打他的媽媽，讓幼小的杜圖在無力保護媽媽之下，長期譴責自己。後來，他決定原諒自己的爸爸，也原諒他自己。

原諒別人就是寬恕的行為。而有些人以為原諒別人就是便宜了他人，是鼓勵別人繼續對自己不好，是表示自己是弱者。但杜圖認為，寬恕不是弱者，寬恕也不是不公不義，寬恕更不是忘記，當然，寬恕也不容易。

報復是一種循環，寬恕也是一種循環，但兩種循環是不一樣的。前者是一個圓圈繞來繞去，最後還是停留在圓圈裡，後者則是生命找到一個出口，釋放出去。

就像杜圖在處理南非的種族隔離政策所帶來的痛苦後遺症時，就鼓勵南非的黑人要原諒白人對他們的隔離，以及因隔離所帶來的那麼多打擊和喪失的生命。來自膚色或種族歧視引起的糾葛，就得做族群或團體的治療和寬恕。

寬恕的時間可長可短，有時候痛很久，時間就會拉長。杜圖建議走迷宮（labyrinths）做冥想。我在美國的家對面有個公園，公園地上就有一個迷宮冥想圖，我試著沿著迷宮路線走到中心點時，的確體會到冥想的力量。

很重要的是，寬恕對方之前，一定要先原諒自己才行。而自我寬恕很多時候都是很艱難的。說到寬恕的過程，杜圖鼓勵人採取的策略有四個步驟：

(1) 說故事

在說故事時，必須述說真實感受並面對事實。杜圖認為不說出故事的代價更高，因為在說故事的過程，便已經開始療傷了。當然，要說故事有時候是很難的，甚至還會再度受傷，感到疼痛。但當你把自己的故事鎖住時，那傷害就會愈滾愈大，而說出真實的故事時，心中的祕密，害怕，和羞恥連結過去的創傷，才有可能逐漸瓦解。

說故事要有很大的勇氣。而說故事的對象，首先要選擇自己最信得過的人，或者自己最愛的人，也可以考慮說給傷害我們的人聽。寫信也是一個方式，甚至你可以試著公開的說給別人聽。最後，當事人要學習的，是接受已經發生而不可能改變的過去。

聆聽被傷害者的故事時，聽的人必須要遵守以下原則：

1. 不質疑故事的真實性。
2. 不能反覆推敲。
3. 創造一個安全的空間。
4. 承認或肯定所發生的事情。
5. 同理那樣的痛。

(2) 給傷害取個名字

舉例來說，強暴、離婚、死亡……等等，都是一個「名字」。而這樣做，只是為了確認自己對事實的感覺。若沒有感覺，其實是錯誤的，也是不好的。應再次確認傷痛，並肯定或嘉獎自己在過程中的勇氣。

(3) 同意寬恕

原諒別人容易嗎？究竟要不要寬恕別人？在寬恕的關卡上，會有許多掙扎。杜圖認為：

1. 要不要原諒別人或原諒自己，是一種選擇。
2. 寬恕讓我們成長，也讓我們解除傷痛，並創造我們自己的新的故事，一個勇於面對的新故事。

(4) 重新建立或者解除關係

1. 若能重新建立關係，是最好的，除非那之中具有危險性。
2. 在這過程中，可以要求傷害者重新建立或解除關係，例如道歉，解釋，或者從此可能不再與傷害者見面。
3. 當然，重新檢視自己疑惑的部分，試圖解決。
4. 新的關係會讓自己更加堅強，使自己成為一個不一樣的人。
5. 在重新塑造的過程中，是要從傷害中釋放自己，並讓自己成為內心沒有負擔的自由人。

6. 愛，就是人生。

如果自己曾傷害別人，在向對方道歉要求寬恕時，對方卻拒絕了，該怎麼辦？在那種情況下，寬恕不一定得取得對方的同意。

我想，寬恕是一種學習，是每個人一生中都會走的道路。

家族大和解

二〇一三年，我決定做一件事，就是把失聯幾十年的小阿姨找回來。我覺得家族的和解很重要，何況我那麼喜歡她。

我的小阿姨只大我十幾歲，她是我媽媽同父異母的小妹。小阿姨和我的感情向來很好，但她和我的父母因財產問題受人挑撥，結婚後就沒有和我家往來。小阿姨的媽媽在她三歲時離開我外公，從此沒有音訊。小阿姨和我外公、舅舅，及舅媽一起住，直到她十幾歲時，不知發生了什麼事，小阿姨被舅媽打得全身是傷。我的父母捨不得小阿姨受到家暴，就將她接來我家和我們同住，後來還為小阿姨安排了婚事。但這樁婚事，小阿姨其實是不喜歡的。

舅舅和舅媽的婚姻，是舅媽的爸爸主動找我外公談的，因為外公是我們村莊裡的有錢人。舅舅和舅媽結婚後，因為我的父母是招贅婚，依照傳統，我媽媽有權繼承我外公的財產，何況我媽媽家幾代都是母系社會。因為這樣的繼承權，讓我的舅媽很氣我媽媽。兩個女人之間，從我懂事，就沒見她們交談過。甚至，每次我去外公家時，我叫「舅媽」，她也從來沒有回應我，就當我是空氣一樣。

小阿姨不喜歡自己的結婚對象，剛好讓人有可乘之機，其他人就對小阿姨造謠，說我父母把她嫁給她不喜歡的人，為的就是要將她趕出去，以便取得她的繼承權。不知怎的，我的小阿姨被舅媽虐待後，兩人本來沒有往來，但在那些謠言下，小阿姨恢復了和舅媽的關係。

情況愈來愈複雜，後來舅舅把外公的大部分財產敗光了，他來我家找我父母，要拿我家的房子和我媽媽名下的土地去質押借錢。我父母拒絕了舅舅的請求，我爸爸說：「我有五個孩子，萬一房子被銀行拿走，孩子就沒地方住了。」

他們三個大人交涉時，我已略微懂事，而且我是在場的目擊證人。舅舅沒有得逞，他和我媽的關係，本來就因為舅媽而疏遠，從那時開始，更是降到冰點。

因此，小阿姨結婚後，就與我家疏遠了，後來乾脆沒有往來。小阿姨回到鄉下時，會去拜訪我的舅舅、舅媽和其他親戚，而過我家門不入。

在我高中時，我本來還會搭公車到中和去找小阿姨玩，我也和姨丈關係挺好的，但在我高中畢業後沒多久，可能是因我媽媽不高興我去找小阿姨，我們母女關係亦欠佳，加上小阿姨又搬家，慢慢地，我也和小阿姨失聯了。

二〇一三年時，我透過親戚找到我舅舅兒子的電話號碼，然後又透過表弟取得了小阿姨的電話號碼。在分別幾十年後，小阿姨和我在高鐵桃園站相見，感覺恍如隔世。而到了她家，我才認識了表弟表妹，以及表弟們的太太，我們相談甚歡，就像我們從來沒有分開過。

小阿姨在我七歲時帶我到斗南電影院看了我人生的第一場電影。我早忘記電影的內容，但一起看電影的感覺仍然存在，連小阿姨被迫為我買一張電影票而和售票員爭執的事，都歷歷在目。我還記得售票員說：「她那麼高，不可能才七歲。一定要買票。」

由於我和小阿姨重新來往，我就從中牽線，讓我的妹妹們也和小阿姨家連繫上了。本來我也想撮合我媽媽和小阿姨，讓她們姊妹之間恢復關係，但我的朋友知道我的計畫後，警告我：「妳媽那麼討厭妳，若妳做這件事，不但不討好，還可能讓大家的關係更糟。」此事因而作罷，當我妹妹瑞蘭去拜訪小阿姨時，她鼓勵小阿姨去探望她的大姊，也就是我媽媽，好「盡釋前嫌」。

在和小阿姨重逢後，我又想和舅舅家的人建立關係。雖然舅舅和我感情很好，但他已經走了。而舅媽與他們的孩子都和我家沒有往來，甚至彼此都不熟悉。

二〇一四年，在媽媽的八十一歲生日派對後，我開車到雲林縣古坑去靈骨塔探望爸爸和舅舅，接著就到表弟家拜訪他。

那次我因趕時間，和表弟沒有太長的對話，但感覺仍很親切。而且很意外地，我在表弟家附近的商店買水果時，意外和舅媽相逢。當下她竟然開口和我說話，並知道我的一切，顯然小阿姨對她說了關於我的事。那是我第一次聽到舅媽說話。

找回失聯的小阿姨，應該是我的家族治療與和解的一個課程。在台灣，有不少家庭都因財產繼承而手足失和，有的甚至只是雞毛蒜皮小事，卻一輩子不說話不往來，下一代都因此互相不認識的，實在可惜。

家庭和解，是台灣人可以努力的方向。

和心中的恐懼和解

你相信嗎？我最大的敵人不是人，而是數學。數學是唯一讓我被老師打的理由，讓我痛恨死數學了。我從五年級開始，就因數學而被數學老師打到國中畢業。算一算，我為了數學，一共被打了五年。

後來，我在美國成人高中時，遇到一位黑人老師金太太，上課時她對全班學生說：「數學很簡單，你會騎腳踏車，你就會數學。你會做飯煮菜，你就會數學。你會拖地板洗衣服，你也會數學。」

我被她語言裡的魔力誘惑了，就相信了她，上課專心聽講，還聽得很起勁。

接著，在美國大學時上預修班數學，我遇到羅門教授，她更是數學的魔法師，拚命對全班學生施展魔法。如果那些上教堂信教的人，是受到牧師的蠱惑才信得那麼虔誠，或者如果佛教徒也受到法師催眠，才相信佛門永生，那麼，我要說，羅門教授就是數學的牧師或法師，專門使魔法，讓學生入彀。我，就是那個入彀的人。

美國教授上課是不能胡說八道的，他們上課不只要準時，下課也要準時。羅門教授的魔法，就在上課前半小時開始。她的魔法是和學生聊天，天南地北的聊，讓學生縮短對數學教授的距離。上課時，她教起數學概念，就說：「啊！數學實在真美。啊！數學實在是真藝術！」為了證明數學的美和數學的藝術，她會把數學概念和數學題目做一個結合。我被她唬得一愣一愣的，下了課，就趕緊跑圖書館找書，找關於數學之美和數學是藝術的書來讀。

果然，我看見一些實例，例如建築師運用數學的幾何概念蓋出了很多漂亮的房子，還有音樂家是用數學寫音樂的，包括莫札特。更甚者，大自然裡的植物，如葉子和花瓣，甚至我們的臉孔五官和身體的比例，也是依據數學出來的。

於是，我對數學癡迷，上課全神貫注的聽講，下課就勤做功課，還讀了許多和數學有關的藝術書籍。然後，我改信了數學教，如果數學是宗教的話。

熟悉我的朋友和家人聽到我在美國大學讀數學系，無不捧腹大笑，他們認為數學那麼糟糕的人讀數學系，是天底下最好笑的笑話。然而從此，我從最低階的數學上到最高級的數學。每上了一階的數學，我都不是高興萬分，而是嚇得半死，以為自己這次撐不了了。

數學，怎麼可能簡單呢？雖然修完大學數學系的高級數學課程，我還是要說，數學真的很難。也難怪我在人文大樓的外語中心打工時，那些英文、歷史、外語和社會學教授一聽到我主修數學系，他們大多數都對我說，他們怕死數學了。

後來，我研究數學恐慌症，發覺這個世界上，至少有六成以上的人都罹患數學恐慌症。不知道那樣的恐慌症，是否影響他們的身心和頭腦的健康？

讀數學系，意外的解除我對數學的痛恨。我從來沒想到，我居然用這樣的方式和數學和解了。

你聽過這種和解方法嗎？

不論有什麼讓你耿耿於懷的，想辦法和解就是。也許是親人、朋友、陌生人（機率太低），甚至是英文，或者其他任何事物……你都可以與之和解。

Chapter 11

運動是回春良方

當運動養成習慣後，變成規律，身體會更加舒坦，心情也更好。你會發覺，你是自己最棒的醫生。

人的骨頭隨年紀而變得脆弱，二十五到三十五歲，是我們的骨頭最堅硬的時候，然後就會開始走下坡；肌肉也一樣，強度和彈性都會因年紀增長而降低；消化系統很難被注意到，但也在改變中，腸胃吸收和消化的能力，都不如從前；循環系統也會變差，容易感染流行性感冒……隨著年紀增長，很多器官，都在改變。

運動，是減緩老化的最佳方法之一。肌肉不常用就會萎縮，愈沒有運動的人，身體的肌肉就愈少。一年不運動，肌肉比就下降百分之一，十分可觀。而肌肉能保護自己不受傷，是非常重要的。

運動不只讓老化減緩，減低生病機會，是健康的必要過程。可惜，太多人把自己的健康交給健保或醫生，而非靠運動來維持健康，那是錯誤的觀念。

台灣的健保是世界獨一無二的，俗又大碗，而且還包辦給藥。因此，有健保，不怕生病。有人年紀大了，沒事情又無聊，就看醫生去，反正健保給付。對於吃藥，甚至有人說：「有病治病，無病強身」，很顯然地，那樣的人對於藥物是毒的認知有限。所以，看醫生時，人人手裡拿著一大包藥，對病人來說，反正「健保給付」，不賺白不賺，不拿白不拿。這種做法和想法，其實害國家財政。

在台灣，健保好像是神，庇佑台灣人的健康。

一旦離開台灣，沒有健保保佑，健康這回事，就貨真價實的回到個人身上了。換句話說，自己的健康，是自己的責任。

有天早上，我在斯理安大學的廢棄運動場慢跑。本來我只計畫跑操場一圈，然後快走幾圈，但跑著跑著，氣溫實在太舒服了，只有攝氏二十一度，涼涼的，就愈跑愈起勁。一圈跑完，不累，繼續跑第二圈；第二圈跑完，也不累，就跑第三圈。每一圈的長度，是〇．四公里。

我問自己，給自己一個機會，如何？

什麼樣的機會呢？看看自己能跑幾圈的機會。

我給自己設定了最短的目標，例如跑第二圈時，就為自己設定跑三圈為目標。在跑第四圈時，就設立五圈為目標。目標這樣設，是因為容易達成，我就不至於放棄得太早；目標若設得太遠，不實際，就跑不下去。

最後，我跑了八圈，總共跑了三．二公里。

不僅跑了八圈，我還快走了五圈，並練了氣功。

你問我的感覺如何？我說，舒暢無比。至於流汗，當然有囉！但梅崗城的濕度不高，流汗時身體不黏，所以挺舒服的。

在美國上大學時，健康保險很昂貴，多貴呢？就算是學生健康保險比較便宜，每個月也得支付兩百美金（台幣六千）以上，而且不包括牙齒。健康保險很貴，所以，我的一些大學同學和我都沒有買健康保險。可是，萬一生病怎麼辦？

於是，我想到一個預防生病的好辦法，就是每學期修一門體育課。我仔細算過，一學分的體育課學費比美國的健康保險還便宜。何況，獎學金會支付我的學費，但不會支付我的健康保險或醫療費。

我修過的體育課很多，網球、瑜伽、塑身……其中，我修過的一門體育課是慢跑。那一學期，每星期我得在校園裡跑兩次，每次大約一小時左右，有時更短。

就是從那時開始，我愛上了慢跑。那是我在美國大學課程裡收穫最豐富的一堂課之一，因為慢跑影響我的運動觀念、習慣和飲食，也讓我的肌肉更結實。

沒有到美國讀書前，我雖然學習瑜伽，也運動，但還是靠不住，因為「沒空就沒運動」，三天捕魚兩天曬網，沒有把運動當成最重要的事情處理。給自己一個機會，定時定量運動，你會發覺值回票價，不論是在精神上或身體上都更健康。

太極與瑜伽，需持之以恆

蔡明吟每個星期六和星期日早上，從桃園搭火車到台北的中正紀念堂參加太極拳的運動，從不間斷。十年下來，她說以前身體的毛病不見了，現在不但更健康，也睡得更好。

「剛開始加入時，朋友認為我住在桃園，要每週末都到台北來打太極拳，是很困難的。但打太極拳時，個人的身心似乎不一樣了，就是這點不一樣，讓我這個長期坐在辦公桌的人，精神抖擻，身體健康。」即將踏入六十關頭的蔡明吟說。

現在，連西方人都著迷於太極拳。另一個為西方人所推崇的是瑜伽。

我四十幾歲時開始學習瑜伽，當時我的瑜伽老師已經七十二歲了，但他臉色紅潤不說，全身筋骨更是柔軟得像沒有骨頭。他還常對我說：「嘿！丘引，妳比我年輕那麼多，筋骨比我還硬。這樣不行，妳得加倍練習才是。」

他那麼說是有道理的。我的瑜伽老師四十八歲開始學習瑜伽，比我當時學瑜伽時年紀還大。當時他身體狀況很差，套句他說的話，差點就掛了。就是在走投無路下，他開始死馬當活馬醫，學習瑜伽。

由於瑜伽讓他整個人活了過來，而且日益健康，他因此投入瑜伽的教學。

自己透過錄影帶學習瑜伽，或者到瑜伽教室，都是學習瑜伽的管道。恆心，是學習瑜伽的竅門。而《百歲姊妹有話說》的兩位作者，也天天練習瑜伽。

最好的運動

腿，被說成是第二個心臟。而用腿走路，本是再平凡不過了，也因此我們忽略了走路是最好的運動之一，甚至是降低高血壓的大力士。

畫家邱育千的弟弟邱慶益患有高血壓，五十幾歲的他離開台北搬到埔里鯉魚潭與姊姊同住，協助照顧中風的姊夫。邱慶益每天在鯉魚潭環湖散步四十五分鐘，三個月後，意外地，他的高血壓消失了。

「真沒想到，只有散步，每天持之以恆，高血壓竟然不藥而癒。」邱慶益說。

很顯然地，搬家到一個方便運動的地方，讓身體自然痊癒，是要走向黃金歲月的人能夠嘗試，也應該嘗試的事情。

有些人以為上了年紀的人不宜跑步，怕膝蓋會受損。但我在去台中演講的走路途中，遇到六十九歲的劉果明，他剛從越南回台灣，長年累月在越南經商的劉果明說，他天天跑步。

劉果明走路時步伐相當快，也顯得輕鬆，思考也非常清晰。他精神奕奕，看不出是那個年紀的人。

最近我在亞特蘭大的大中華超市買菜時，也遇到一位華裔人士，我只是隨口問問看起來挑食物很專業的他，該如何挑選食物，他示範給我看後，又教我該如何煮湯才更健康。他很驕傲的告訴我，他是九十二歲的人，熱愛美食，因此開過中餐館。我看他走路輕盈，身材壯碩，外表僅有七十歲上下，就好奇的問他，如何保養？他說：「跑步。」

不會吧！九十二歲的人還跑步？我以為聽錯了，而和他一起買菜的一位年輕漂亮的女性同伴對我說，錯不了，他天天跑步。

我媽媽、阿姨和《我的肯定句媽媽》裡的安妮塔，這三個不愛運動的人，都早早就換人工膝蓋了，而這個九十二歲的人還在跑步。你說，人該不該多運動？

運動的好處

運動讓人快樂和健康，是無庸置疑的。根據美國最權威的醫院之一，梅約醫學中心的網站（http://www.mayoclinic.org/healthy-living/fitness/in-depth/exercise/art-20048389）開宗明義就說了，大家都知道運動對自己很好，但有多好，你知道嗎？運動有助於情緒和性生活，還能促進生活的提升，運動可以讓人更有活力，和活得更久。

除此，梅約醫學中心說，運動有七大好處：控制體重、健康和疾病的預防、促

進情緒、增進活力、睡眠品質更好，和性生活更美妙有趣。

(1) 控制體重

運動時，除了預防超重的體重外，也控制體重的增長。運動時，燃燒卡路里，也就燃燒了脂肪。梅約醫學中心建議，若無法騰出大量的時間運動，就走樓梯取代搭電梯，多做家事，例如拖地板，燃燒脂肪速度快。

(2) 疾病的預防

擔心疾病？梅約醫學中心說，運動可降低高血壓，維持適當體重，促進好的膽固醇（high-density lipoprotein，簡稱ＨＤＬ，高密度脂蛋白），同時降低對人體有害的三酸甘油脂。這也增進血液流通，降低罹患心血管疾病的機率。運動可控制的範圍很廣，包括中風、新陳代謝疾病、第二型糖尿病、憂鬱症、多種癌症、骨質疏鬆症、關節炎，和跌倒等。

(3) 情緒更好

要消除疲累、釋放壓力，運動是獨一無二的好方法。每天快走三十分鐘，長期下來，不但維持好看的外表，增加自信心，也感覺良好。運動時會刺激我們腦中的化學作用，讓左右腦更平衡，人就更快樂、更健康。

(4) 活力無限

購物和做家事或者平時固定運動，會增加肌肉的強度和耐力，而且，運動時也讓氧氣和營養到達細胞組織，幫助血管系統運作得更有效。而當心臟和肺部更有效的運轉時，我們就更活力無限。

(5) 增進睡眠品質

年紀愈大，就愈難入睡，這是很多上了年紀的人的經驗。有不少人從進入更年期時，就開始有睡眠的困擾。一般來說，在五十到六十歲左右，容易變得睡不安穩，也更淺眠，可能傍晚就疲倦了，卻又太早起床。

而睡眠是再重要不過的事了。我們的身體在睡眠時，會有自我修復的能力，若睡眠不足，或睡眠品質欠佳，身體自我修復的能力降低，健康就會每況愈下。

人的睡眠，共分成五個階段：

第一階段是淺睡，眼球會轉動。

第二階段睡眠時，眼球轉動降低。

第三階段開始進入深沉的睡眠，眼球不再轉動。

第四階段睡眠很深入，需要人家搖醒。

第五階段的睡眠則是做夢時刻。

長者的第一階段睡眠增加了，只是淺淺的睡，沒有真正的休息。第三和四階段的睡眠時間則減少了，第五階段也降低了。

睡眠不足的人容易感到疲累不堪，情緒起伏不定，記憶力也會衰退。而定期的運動，讓身心放鬆，對進入睡眠和睡得更沉幫助很大。

不過，長者做運動時，不要在即將上床時做運動，而應該睡覺前三小時就完成。否則，太接近睡眠時間時運動，身體還在亢奮中，不容易達到幫助睡眠的目的。找對時間運動，對長者非常重要。

(6) 嘿咻嘿咻嘿到底

缺乏運動的長者容易感覺疲累，就更不想有親密關係。做愛，是相當消耗體力的活動，有運動的人，精力旺盛，對做愛的幫助大。

二〇一三年我回台灣時，從機場到台北車站後搭計程車回家。在路上，計程車司機侃侃而談他的私密生活。

「我和鴻海的郭台銘同年紀，最近不久，他再婚還生了孩子，可我早早就六點半，不行了。雖然不舉，但和太太一起睡覺時，我還是想要。為了避免尷尬，我們夫妻就分房睡覺，以免自己想入非非，太痛苦了。」

根據研究，年長男性定期運動，會降低不舉的現象。不舉，是很多進入六十歲的男人的夢魘，有些人信了報紙上的壯陽廣告，卻讓自己陷入更深的沮喪和缺乏信心。梅約醫學中心的醫生提出，運動可以解除年長男性不舉的恐懼。

研究則顯示，做愛可增進年長女性身體的覺醒，讓女性的身體再度活起來。

親密關係在老年時期並不因為年紀增加，就該自動放棄。親密關係讓長者活得更有聲有色，更自信，身體也更放鬆。何況，做愛也同時幫助彼此睡眠得更好，好處不可勝數。

怕不舉的男人，多運動吧！想讓自己更美麗的女人，也多運動吧！運動還能讓身材更好，更性感，更吸引人呢！

(7)有趣

運動是很有趣的，尤其是戶外運動。運動時，身體放鬆了，就像我在慢跑時，一邊流汗，同時感覺身體的變化，而慢跑結束時，覺得整個人似乎都放鬆了。那樣放鬆的感覺是很舒服，很愉悅的。

有時運動時，我也遇到同在運動的朋友，相聊之下，彼此都有同樣的感想，就是運動的舒服感，讓自己的生命更加喜悅快樂。

登山健行、跳舞、打球、騎腳踏車……各種運動都不錯。當運動養成習慣後，變成了規律，身體更加的舒坦，心情也更好。你會發覺，你是自己最棒的醫生。

Chapter 12

拓展心胸，潛能不分年齡

上了年紀，並不代表學習能力降低，最主要的障礙，還是怯於接受新事物的心理。

開放自己接受新事物，是老年快樂的必要祕訣。

開放潛能

高雄彩色頁女性願景協會由王介言帶領。王介言是一個什麼都不怕的人，她發覺女人騎摩托車的距離，幾乎都是在自家附近，不是接送孩子上下學，補習，就是上市場買菜。

碰上更遠的距離，女人就自動繳械投降了。她們心底說：「不行，我無法騎車到那麼遠的地方去，那太危險了。」

於是，王介言就像魔法師一樣，她告訴一群中年女性：「妳們行，妳們可以騎到更遠的地方去。」

但大家還是怕得要死，說不可能啦！於是，王介言帶著她們踏出家的世界。剛開始，以五十公里的距離作做為女人訓練自己騎車的範圍，再延長到一百公里，愈來愈遠。

王介言說：「事前要做很多準備工作，妳無法想像，中年女人們因長期生活經驗影響，考慮很多，很細。但我就告訴她們，就是開放自己去接受新事物，也開放自己去接受自己本來就有的潛能，這樣就能夠騎摩托車到更遠的地方去。」

開放自己

就像我在計畫要一個人開車美國東北岸旅行時，我並不確定自己真的能在不使用導航下，看地圖就能夠一個人開那麼遠的車去旅行。

旅程的第一天，我開了八小時的車，還在南卡旅遊局的戶外公園吃午餐。過了那一天，我就知道自己一個人開車旅行幾個月是沒有問題的。

後來我時間最久的一趟車程，是從半夜十二點半開到第二天下午四點，而且是在大雨滂沱下，有時連看路標都很困難，加上車多速度快，將近十六小時的連續開車經驗，我對自己的能力又更加的有信心了。

入冬了，暴風雪開始來襲。我從來沒有在下雪的地方開過車，起初也怕怕的，不知道自己的車在沒有加雪鏈的狀態下，能否安全的在雪地上行駛，我對自己的開車技術也挺懷疑。

不過，歐文農場的女主人路甫認為，我這個從亞熱帶地區來的人，一定要通過雪地開車的這一關考驗才行。因此，當我們要去首府康科德鎮看芭蕾舞表演時，暴風雪已經數度橫掃當地，馬路上積雪堆得很高，她對我說：「妳開車。」

當下我傻眼了。路甫七十五歲了，我當然不能對她說「妳來開」。但我問她，妳真的認為我能夠在雪地上開車嗎？她的回答是：「妳一定行，因為大家都行。只要知道在雪地上開車該注意什麼，平時都有上路練習，妳就會開得很好。」

在那段雪地結冰的路上開車，我的車子打滑多次，讓我心驚膽跳。幸而路甫坐我旁邊，讓我安心不少。我連走路都因結冰而步伐不穩，數度滑倒。

後來我就對自己說，既然我在新英格蘭的寒冷地帶，我一定要學好如何在雪地上開車才行。於是，我花錢換了兩個新輪胎，讓開車更安全。後來，在暴風雪來襲時，我一個人開了七小時的長途車程到隔壁佛蒙特州去。當我抵達接待家庭時，雪堆得很高，我的車子開不進去對方家中的停車場，車子打滑得很嚴重。

幾天後，我又挑戰自己，從佛蒙特州開山路回新罕布夏州。別忘了，我是暴風雪時在山路開了一整天的車。山路的意思就是路上有更多雪沒有除，上面還有結冰，而且沿路的車輛很少，有時開很久的車子也沒遇見一輛車。

我之所以選擇開山路，是因為唯有在最困難的地方學習，才可以學得更好。那一整天，我從早上十點開車到晚上七點左右，橫跨兩州。當然，開在山路上時，車子還打滑很多次。那天中午，我肚子餓了，想就近在漢堡王吃午餐，但漢堡王的停車場有坡度，我連續開了幾次，車子就是上不了漢堡王的停車場。

經過那一天的山路開車經驗後，我對下雪開車的恐懼就消失了。

這就是後來暴風雪時，我從新罕布夏州開車到麻州梭羅位於康科德鎮的故居，再開到鱈角時，雖然已經晚上十點了，但心裡還是很篤定的原因。等到暴風雪襲擊鱈角時，鱈角的接待家庭真尼特說我很瘋狂，居然暴風雪還一個人開車在鱈角旅行。「要是我，我就不會做這麼瘋狂的事。」真尼特對我這樣說。

我在鱈角時，暴風雪把我的後車窗玻璃全部擊碎成一小塊一小塊，你能相信那種暴風雪的力量嗎？面對那樣的情況，我一點也不心慌意亂，只是在接待家庭的協助下，與汽車玻璃公司聯絡，並按照對方的指示，先開車到一家汽車玻璃公司，安裝塑膠玻璃臨時使用，以防冷空氣和大雪進入我的車內。三天後，汽車玻璃公司幫我預訂到我的車所使用的玻璃後，才去掉塑膠玻璃，並裝上新玻璃窗。

上年紀，並不是學習能力降低，最大的障礙是怯於接受新事物的心理。就像高雄那群中年女性騎摩托車到偏遠地區一樣，去掉心理上的障礙，就沒問題了。

開放自己接受新事物很重要，就像我的高中同學們紛紛淘汰舊型手機，開始使用智慧型手機，這樣同學才能Line來Line去。

智慧型手機的設計很複雜，很多年長的人有錢買，但不會使用。有些年長的人得到電腦當禮物，卻把電腦放在牆角，一句話，「我不會用。」如果他們知道，電腦這種東西，愈放愈沒價值，五萬元放一放變成三萬元，又變成一萬元，甚至送人都沒人要，變成廢鐵，他們就不會那樣浪費電腦，將其擱置不用了。

現在，不論是在台灣或美國，我看到各地圖書館都有為長者開設的電腦課程，年長的人開始學習上網，並成立自己的臉書。還有年長的人，利用電腦的Skype和住在各地的親友同窗免費通話，就像是住進地球村。

我的美國朋友屈克七十歲了，他退休後第一件事就是學習電腦語言。他學了好幾種電腦語言，並主動為教會負責所有網頁和每星期的四頁禮拜用的小冊子。

現在，每當我想起在大雨中一個人在陌生的美國東北岸，從費城開車到緬因州，橫跨好幾州，我的嘴角就忍不住上揚。想到暴風雪時，我站在鱈角的空曠海港下漫步，對我來說，那真是美好的記憶啊！那是我的五十七歲禮物。

開放自己接受新事物，是長者快樂的必要祕訣。

Chapter 13

回歸自然，在土地中找自己

在田裡工作，有其樂趣。而和動物同在，以大自然為師，正是人類可以繼續走下去，可以安享晚年的一個因素。

回歸田園夢

很多人在城市住了大半輩子，每天忙忙碌碌，忘記了怎麼快樂，就選擇回歸田園，意外的在那兒找回了快樂的感覺。

如同我，十幾歲就離家北上的農村子弟，從北到南，從東到西，幾乎一面倒的往台北等大城跑而求發展的台灣人很多。我的手足中，沒有人留下來務農的。

如今，我父母的土地，因為爸爸走了，媽媽老了，做不動，也荒廢了。剛好有人想把農事當興趣，就是那些退休了，正愁閒閒沒事幹的人想要回歸田園，就向我母親談，是否可以承租我家的農地來耕作。

我母親非常慷慨，說免田租啦！有人願意來我家田地耕作，讓田地可以再次綠油油，恢復大自然的原樣，多美又多好啊！說感謝都來不及呢！

像我家，父母年紀大無法耕作，田地園林都荒廢了的人，在台灣到處都是。

主婦聯盟在保護台灣環境方面一直不遺餘力，從政策到土地上，都做了整體的思考和行動。也因此，主婦聯盟提出一個下鄉當農人的計畫，由主婦聯盟基金會底下的「想想明天」工作團隊所推動。

根據台中分會的劉玫君說，這個農耕團隊的主要成員雖是以退休人員為主沒錯，但也並非是以共老為主要目標，而是以環境保護為出發點。雖然主婦聯盟的出發點是保護環境，但因為只有退休人員才有足夠時間可以下鄉下田，於是，一群人下田共老的組合，就這樣成立了。

而且，因為主婦聯盟的成員下田時有口皆碑，一些知道的農民，還主動要出租他們的農地讓主婦聯盟的成員耕種。

回歸田園，也就回歸自然，心靈上得到的滿足，是無庸置疑的。

回歸童年

一如「杉林客家鴨拓草民宿」的主人邱俊英，她在主婦聯盟工作很長一段時間，在孩子都長大後，前幾年，一個人回到童年生長的高雄旗山客家村落，一來陪已是老年的父母養老，一來是為自己蓋一個民宿，同時，她還承租了附近的土地耕作。

幾年下來，邱俊英的皮膚曬成了古銅色，看起來就像如假包換的農人。不只這樣，邱俊英向農人學習耕田，也教農人如何保護農地，不使用農藥化學肥料等，是

雙向學習。邱俊英還種了一大片樹林，並養了鴨跟狗等等。

我問邱俊英，當初為什麼下那樣的決定，留丈夫一個人在台中的大學教書，自己卻跑回旗山，做這樣瘋狂的事？

邱俊英說：「我爸爸分給我一塊一分田的土地，我們夫妻就討論該怎麼利用那一分地。剛好主婦聯盟的幾個老戰友都正在熱衷聘請建築師蓋有機房子，我也是其中之一。我們就聘請同一位建築師設計了民宿，旗山離美濃很近，附近有不少的觀光點，而且住在我家看山，就是很放鬆的感覺。一分田除了用來蓋民宿，我把剩下的土地用來種樹，妳看！那片樹林多美呀！就是這幾年我的成果。」

接著，邱俊英說：「本來我自己的身體就不好，因長期工作壓力，加上被當時的總經理從台中調到台北，壓力更大，健康直直往下掉。幸而我搬回旗山，這幾年，除了種樹，又租了一塊土地種水稻，我在這兒耕田勞動，那些疾病竟然都自動消失了。」

「如果我沒有回到童年的地方定居，現在，我可能是住在醫院中。不僅如此，我母親在我搬回來之前，身體脆弱得很，我父親也是。我開始跟父母同住，還檢查他們的營養是不是足夠。結果發現，我的父母常吃過期食物。而且，那些食物的營養也不夠，我就教育我的父母關於飲食和健康的關係。如今，我的爸爸媽媽都比以前更健康了，也不必像以前那樣常抱怨身體病痛或看醫生。」邱俊英說到自己從台中搬回旗山的收穫時，笑聲在花園裡迴盪。

「丘引妳看，旗山和杉林區沒有太多光害，天空裡的星星那麼明亮，多美啊！」邱俊英說著說著，轉了個口氣：「丘引，妳知道嗎？如果我當初沒有決定搬回旗山蓋民宿，我媽可能第二年就走了。如今，她活得好好的，每天晚上還興致勃勃的和村人到廟裡誦經。我媽說，原來女兒回來住在隔壁，讓她擁有那麼美好的晚年，這是以前怎麼想也想不到的事情。」

究竟台灣的長者有多少人不健康，就像邱俊英的父母那樣，吃過期食物，而營養不良呢？台灣的長者過度節儉又缺乏營養常識，加速老化現象。

再造農村

邱俊英從台北搬回童年成長的旗山，不全是為健康考量，也為了陪伴父母；而麗圓，則是罹患乳癌而決定搬離台北。

麗圓個性溫柔嫻淑，年紀比我小幾歲，她是一個不多話、多數時間都默默做事的人。麗圓和程澔開早餐店營生。被檢查出乳癌後，他們不但加入了主婦聯盟的共買，還計畫搬到麗圓童年的生長地，彰化鹿港附近好休養身體。

「等麗圓的醫院治療告一段落，我們就要搬去了。」程澔說。

「我們要把我爸爸的舊房子原地整修，變成民宿。那兒離鹿港很近，觀光客很多，做民宿不難。而且，我們還要種水稻，我爸爸因年老而荒廢了土地，我們想要藉著體力勞動，讓陽光來治療我生病的身心。」過去要讓麗圓說這麼多話，是不太可能的。

她說生病後才知道，沉默的人承受太多的委屈和壓力，讓自己更有機會生病。

「現在，我學習將我的感覺和感受說出來，也學習表達。有話就說，比壓在心裡好。壓在心裡很容易生病而不自覺，這是很可怕的。」

程澔不說退休，但他意志昂揚的要在鹿港附近推廣太陽能，利用太陽光來做為電力，說這樣不但經濟，沒有污染，也更健康。

在等待麗圓治療結束的期間，夫妻倆不斷的計畫，下鄉後，如何讓自己下田耕作，可以吃到自己親手種的有機米。

下鄉治療

畫家邱育千的人生，是女人中的佼佼者。她原是插花老師，以前還負責新加坡航空的插花工作。但因為兒子謝奇宏出生時臍帶纏繞，腦部缺氧，成了腦性麻痺症患者，在求學過程被同學老師嚴重歧視，邱育千不得不帶著三個孩子到南非尋找專門提供給腦性麻痺症孩子就讀的學校。

在流浪了大半個南非後，邱育千在開普敦找到了一所完全適合腦性麻痺症患者的學校。在開普敦，謝奇宏也因此改變了整個生命，獲得良好的教育。甚至，十幾年前我在《中國時報》發表了一篇謝奇宏和邱育千〈流浪到開普敦〉的文章後，那篇文章多年來被瘋狂轉載，引起台灣特教的大反省。後來謝奇宏最後還成了開普敦大學的博士，並寫了《獨角獸，你教我怎麼飛》這本書（天下文化出版）。

在開普敦居住的多年間，邱育千上了當地的美術大學，學習畫畫，而成為畫家，也開了不少的畫展和出書。

邱育千後來考慮到腦性麻痺症孩子的終身就業問題，認為美國在這方面應該有更多的機會，於是全家移民到美國定居。為了生存，邱育千還在加州開了餐館。

三、四年前，邱育千和丈夫謝佐廷兩人相偕回台探視親友，就在要回美國的前夕，謝佐廷突然中風了，情況非常的嚴重。邱育千當下立刻決定，為了醫治丈夫，夫妻倆要留在台灣，讓謝奇宏獨自在美國謀生和居住。

這個決定非常的不容易，因為腦性麻痺症的謝奇宏在很多方面都需要媽媽的幫忙，包括穿衣服和開車。

「我的丈夫中風幾次了，這次情況特別危險，他說喜歡到山明水秀的南投埔里養病。我們就這樣透過朋友，在鯉魚潭附近租了有電梯的公寓。」在鯉魚潭散步時，邱育千如此對我說。

邱育千一個人無力承擔所有的照顧工作，除了聘請外籍看護協助照顧丈夫外，連她的弟弟邱慶益也從台北搬下來幫忙照顧姊夫。

長年過勞照顧，二〇一四年二月底，邱育千突然因顱內動脈瘤破裂併發蜘蛛網膜下出血，被弟弟緊急送到埔里榮總搶救。因情況太危急，被轉送到台中榮總急救。就這樣，邱育千在台中榮總開刀，搶回一命，並在醫院的加護病房觀察了一個月。邱育千原先預定三月中在埔里圖書館舉辦的畫展只得延期到年底舉行。

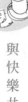

「鯉魚潭真是散步的好地方。本來我弟弟要將我轉送到台北治療，但埔里和台北之間的距離太遠，這樣我可能會喪命。我很幸運，在台中榮總碰到開腦的權威醫師，才救了我一命。這種手術，是很難開的。」邱育千是虔誠的佛教徒，她說真感謝菩薩的保佑。

邱育千夫妻兩人都世居台北，而離開台北到鯉魚潭，她說：「鯉魚潭是鄉下，房租比台北相對便宜，而且環境好，空氣新鮮，每天環繞鯉魚潭散步對紓解壓力和恢復健康很有幫助。還有，附近的人家都是農家，自己種菜，他們又很慷慨，還會不時送我菜。這裡真的很適合養病和居住。」

以動物為師

別說主婦聯盟下鄉耕作、邱俊英回歸童年、麗圓和程澔要改造農村、邱育千和謝佐庭下鄉養病，連我這個當年發誓此生不再務農的人，都在二〇一三年六個月一個人的美東開車旅行中，因為到有機農場參觀，興起養動物的念頭。

在我離開新罕布夏州的接待家庭後，我將所有的行李放到旅行車裡，正開往下一個州，佛蒙特州的途中，我打電話給歐文有機農場主人，詢問我是否可以去農場做義工。

「你們不必付我錢，只要供我食宿即可。」在電話中，我以美國人的溝通方式，直來直往的表達我的意願。

「行。妳哪時候可以開始？」女主人路甫在電話中問我。

「現在就可以。」就這樣，一個小時後，我抵達農場。

我的高中好友說，如果我能在農場待上一星期，她就對我佩服得五體投地，沒想到我居然在那兒做了兩個月義工，讓她驚訝萬分。

從除草開始，主人要我將荒地的草除光，還要翻土，然後將自己做的有機肥埋到泥土裡，最後將一顆顆的大蒜種進土裡。

這種勞力工作，從離開我的童年家鄉後，我就沒做過。而勞動了一天，汗流浹背後，每天晚上我都睡上十個小時才會醒來。有一次，我甚至睡了將近十二小時，農場的人還為此擔心，以為我發生了什麼事。

另外，我的工作也包括在花園大量種植鬱金香。當花園裡的蘋果樹上結了纍纍的蘋果，我們吃不完，我就將蘋果採下來餵豬。是啊！我們的豬吃有機蘋果。

那是二〇一三年秋天。逐漸地，季節進入冬季，新罕布夏州的冬天非常非常寒冷，暴風雪是常有的事情。十一月初，第一場雪下了後，我以為冬天大地冰封，無法種植任何蔬菜或水果，我在農場大概沒事可做得離開了。但農場主人告訴我，冬天的工作就是照顧動物。歐文農場養了一些豬和牛，還有一群羊、很多隻雞，和十來隻馬，只要有動物，不論開門與否，農場每天就忙得不得了。

首先，路甫教我擠牛奶。我們在農場穀物倉的牛棚裡擠奶。擠牛奶這樣的事情，看起來沒什麼，實際上困難重重，何況這樣的畫面，從來沒有在我腦海裡出現過，連想像都不曾，但如今我居然要親自動手。

擠牛奶，很不簡單。剛開始，我擠不出奶來，以為用力不夠，就加了力道，沒想到惹毛了母牛，忿聲對我抗議，哞哞叫個不停，作勢要踢我。

女主人教我，說擠牛奶就有如身在道場，是一種冥想，「妳要用冥想的態度去擠牛奶，這樣母牛會很舒服，也會很開心。」已經擠奶一輩子的路甫就是以冥想的方式和態度在擠牛奶。

她更進一步對我說，整個有機農場都是她的道場，都是她的冥想地。

從路甫那兒，我學到更深刻的生命態度，我也因此瞭解為什麼用機器擠奶速度快又便宜，但母牛不高興也不快樂的原因。

「如果母牛不快樂，母牛生產的牛乳就有毒素。而且，用機械擠奶是很不人道的事情。」這是在我問了一大堆問題後，路甫給我的解釋。

歐文農場的穀倉很大，是三層樓，最高層是堆放動物食物的地方。牛棚在二樓，馬廄在一樓，也就是地下室。這樣說，也許你就知道了：我也要打掃牛棚、豬舍、馬廄、羊房和雞舍！

告訴你，我很驕傲自己做過那些勞務。也因為這樣，我有機會向動物們學習。

你知道母牛要生產前，我們做了多少預備工作嗎？我向路甫學著怎樣研判母牛的預產期，如何透過觀察母牛的糞便、尿液、臀部，和乳汁等，做為研判的基礎。

當我們整夜跑來跑去，以為母牛要延後生產，正因體力不支紛紛跑去睡覺，沒想到，母牛就在沒人在場時，自己勇敢的生下她的孩子。

你說母牛生產痛不痛？就像你問女人，生孩子痛不痛一樣，當然痛死了。但

是，母牛的承受力比人還強。不只生孩子，母牛還親自用她的舌頭清洗她的小寶貝全身的血跡，還吻孩子千遍也不厭倦。

當我看著母牛一直在鼓勵她的寶貝站起來吃奶時，我感動得哭了。母愛，不分動物或人。而媽媽和嬰兒的愛，也不分動物和人。我看到母牛不斷的吻著她的孩子，而她的小嬰兒也回吻媽媽對自己的關愛。

你說，愛，是不是天性？

在農場，我要用奶瓶餵食三隻小黑豬，原因是，黑豬媽媽不喜歡孩子吃母奶，幾度踢向要吃奶的黑豬寶寶，主人夫婦就想到一個好方法，灌豬媽媽啤酒，等到牠有醉意時，就抱豬寶寶去吃母奶。但當豬媽媽醉意消失，警覺到孩子在吃牠的奶時，立刻用力一踢，將三個孩子踢得遠遠的，還踢傷了牠們。

在三度用啤酒餵食豬媽媽要餵母奶不遂後，路甫想到這方法，就用奶瓶餵養小豬。而路甫和我，每天得用奶瓶餵食三隻小黑豬五、六次，而我們餵食的牛奶是自己的有機牛生產的有機牛奶。

從餵食小黑豬上，我又開始思考，愛，真的是天性嗎？天下的媽媽都是一樣的嗎？當然不可能是。

一般來說，動物愛好自由，牠們寧可留在戶外啃草，也不願意進入穀倉休息，除非每天黃昏時要給牠們補充營養。

冬天時，美國新英格蘭地區很寒冷，草都是枯乾，光禿禿的。因此，農場要買乾草給動物吃，而且還要給予營養劑，同樣是是有機食物，做為補充，要不然母牛就不產奶，其他動物的營養也將不足。因此，每天黃昏時，我得和其他義工將所有動物趕入穀倉，讓牠們吃完補充養分後，再放出去。

在餵羊時，我們為了要讓羊群願意回到自己的羊圈去，而將食物放在乾草堆下。吃晚餐時，羊群得將頭埋入乾草堆下尋找食物，並感覺到吃晚餐很有趣，很快樂。通常，在我將食物放到食物槽時，羊群們已經自動排隊在羊圈門口了，就等我將門一打開，牠們就蜂擁而入。

你看，連動物吃飯都要有趣，何況我們人一天吃三餐，怎麼能夠只是飢餓了就吃，毫不考慮用餐的氣氛和環境？所以，關掉電視吧！我相信，台灣有許多人吃飯都是配著電視吃的，無論是在餐館或在家裡用餐，電視都偷走了我們對食物的品嘗與對食物的感恩。

在農場，我每天要撿雞蛋至少兩次，還要秤雞蛋的重量，並將其分成大中小不同的尺寸，放到不同的蛋盒裡，讓附近的人家來購買。

農場的成豬食物大多是我們從有機超市回收的有機蔬菜和水果，幾乎所有的動物都非常喜愛吃青菜和水果，但不同動物喜愛的蔬菜水果類別則有差異。

養馬，當然也騎馬。農場的義工伊麗莎白還教我騎馬進入森林呢！在森林騎馬和在山上騎馬的感覺完全不同，這是我在不同的騎馬經驗裡得到的感想。

還有，你知道動物有多麼勇敢嗎？就算暴風雪，牠們寧可留在戶外覓食嗎？所以，你也知道，在暴風雪時，我也得冒著酷寒，走在雪地上，和動物同在了吧！看，動物都愛自由，人怎麼可能不要自由？即便進入晚年，我們還是要自由的。

大自然的力量是無窮大的。兩個月在農場的義工經驗，我的收穫非常多，除了更瞭解我童年農村的貧苦，我更以大自然為師，也以動物為師。

事過境遷，年歲漸長，人生歷練多了，也看多了，我的思想因著在有機農場的體驗而開始有了一些改變。如果不是為了生存，在田裡工作，其實是有其樂趣的。而和動物同在，以動物為師，以大自然為師，正是人類可以繼續走下去，可以安享晚年的一個因素。尤其是人的專注力，會因將重心放在稻米、番薯、蔬菜，和水果上的病蟲害，或者在觀察動物的行為變化上，一心一意的要解決那些問題，而深深的思考。

Chapter 14

為心靈找到真正的信仰

世界的腳步一日數變，我們總在努力迎頭趕上。信仰的力量，讓人在匆忙的生活步調中找到寄託，讓心靈得到真正的平靜。

梭羅花了兩年，在華爾登湖畔完成他的心靈之旅，寫出驚醒世人的著作《湖濱散記》。兩百年來，《湖濱散記》沒有退燒，梭羅影響世人依舊。

美國一位百萬富翁回憶自己大學畢業後失業的日子，他當時不知該何去何從，就住到一處洞穴去，每天在洞穴裡思索自己的人生下一步。出了洞穴後，他說找到自己的心靈世界了，就勇敢的走自己真正要走的路，最後變成百萬富翁。穆罕默德，原本是文盲，在洞穴冥想出來後，居然口述了《可蘭經》。

心靈，是捍衛人的真理，但一般人平時忙得只重視身體的健康，而忽略了心靈的完整性。

要保有心靈的平安，有很多種方式，其中有一種是非常與眾不同的，那是在經過長期戰地洗禮後回歸生命的自然與平靜。住在金門，七十八歲的黃勝國和他七十三歲的妻子杜秀珍就是少數有此經驗的人。

黃勝國拍了一輩子的電報，記憶深刻的是八二三砲戰時，他拍出平安的電報到台灣，那種感覺，外人很難體會。幾十年來，金門的電報全部掌握在黃勝國的手裡，直到退休為止。八二三砲戰發生後，杜秀珍和她整個初高中的同學為了安全之故，全疏散到台灣的學校就讀。因此，杜秀珍在雲林縣虎尾女中就讀了一段時間，那是她對台灣最深的記憶。

他們的女兒黃雅芬是現任金門縣文化局副局長，黃雅芬解釋，金門人過去生活受制於金門和大陸間的對立，因此，她的父母在晚年覺得特別舒適自在，心靈深處的安寧是以前無法想像的。黃雅芬說，父母一生中大部分時光都在緊張的兩岸對峙下走過來。如今，兩岸已經和平，他們心靈之祥和，是未住過戰區的人難以體會的。

「金門的人家晚上不得有燈光透出，我們必須將燈光用黑布蓋住，要不然大陸會朝著燈光發射砲彈過來。這裡很長時間都宵禁，我們連籃球都不能擁有，因為籃球可能被用來偷渡到大陸去。」說這話的人是在金門土生土長的何碧羨。

金門的特殊環境，讓黃勝國和杜秀珍有與眾不同的心靈健康處方。幾乎帶大所有孫子女的這對夫妻，他們所追求的心靈平安，與在台灣土生土長的人完全不同。

我發現，在長時間對峙後，金門意外的翠綠和漂亮，腳步也比台灣緩慢很多，是不可多得的養老好地方。即便生病，只要搭半小時的船到廈門，即可就醫。

和宗教相連

上述是少數個案，多數的人，心靈平安與否，往往與信仰相連，或者至少是一種相信，例如每天澆水，兩星期後，泥土裡長出芽來，繼續澆水，嫩芽繼續長大。

二〇一四年五月，我約了一位朋友到新北市土城區的承天禪寺做早課，那位朋友不敢置信的說：「妳，妳真的願意早起，四點就到承天禪寺做早課？丘引，妳說真的還假的？」

我說：「當然說真的囉！我就想體驗一下做早課的感覺，以及看看不同的寺廟做的早課是否一樣。如果有可能，我還想體悟一下，在不同的寺廟做早課，心靈上的感覺是否也不同。」

那是我第二次做早課。第一次做早課是二〇一三年在花蓮慈濟精舍做的，那次還包括晚課。早晚課做下來，我對佛寺有了一點點的認識，感覺非常好。慈濟的早晚課使用的語言是台語，而承天禪寺使用的語言是國語。兩種語言的感覺相當不同，所感受到的韻律也完全不一樣。

你問我，我懂早晚課在做什麼嗎？如果是指佛教經典，那麼，因為和我在美國大學主修的數學有相通之處，所以，對我來說，困難度不是太高。但我還是得誠實的說，只有一些懂，很大的部分我並不懂，得看早晚課的佛教經典是什麼。尤其是在念經咒時，我很快就落後，跟不上，也不知道人家念到哪兒去了。還有，很多佛教經典上的字我不認識，那些是梵文直接音譯過來的文字也都長得很奇怪。何況，看到文字，我也不懂它們是什麼意思。不懂意思，我的專注力就飄走了，眼睛到處亂瞄，一下子，看看和尚在敲的是什麼鐘？什麼鼓？又看看比丘尼們的態度怎樣，還有其他一般虔誠的非出家人，態度上又如何。也看看佛寺的裝飾……反正，很不專注就是。

像我這樣，做早課做得如此不專業，實在不應該。但那是學習過程免不了的，至少，承天禪寺和慈濟精舍在早課後吃的早餐，都是很好吃的素食，整個連帶下來，是一個很圓滿的感覺，我的心靈收穫很大。

我的朋友常到承天禪寺做早課，他告訴我，長期做早課下來，心靈上是很滿足的，對於人生中的殘缺，就不會在乎了。

不同宗教，同樣心靈平靜

另外，幾乎只要我的小妹學雯邀約，我也會上她歸屬的教會，參加星期天的禮拜。學雯是很虔誠的基督徒，她的教會很溫馨，也很年輕化，非常的活潑。不過，每個教會都有其儀式，當他們在唱歌，或者吟誦什麼時，我也會跟不上。

二〇一四年，我的朋友心理諮商專家楊惠娟邀請我到新竹加爾默羅隱修院去過夜。我向楊德蘭修女學習到不少智慧。翌日早上，我跟著惠娟在天主堂裡望彌撒，感覺也很有趣。當然，不是天主教徒的我，在天主教的早課上也落掉不少。

因為不是星期天的望彌撒，而是平日，加上修道院和天主堂位於郊區，只有神父和一群修女及我們兩人參加彌撒，我個人的感覺是，天主教的彌撒和佛教的早課，在某種程度上其實類似。

天主教的彌撒儀式和平時我在梅崗城參加的天主堂彌撒不一樣，修女們和神父之間是隔著一個窗口在進行彌撒的。後來我去金門演講，第二天早上一個人在街上散步時，順道逛入一座天主堂，剛好是望彌撒的時間，我就順勢參加了那座天主堂的望彌撒。也因為不是星期日，望彌撒的人，只有神父和幾位天主教徒而已，感覺上，也和佛教的早課相似。出來時，我覺得整個人輕鬆平靜極了。

我的另外一個妹妹瑞蘭是日蓮教的，歸屬於創價學會，她長期參加下來，說收穫很大。但因在中部，我還沒有機會參加。我相信，在不久的將來，我會找機會隨同瑞蘭去見識和學習創價學會的心靈課程。

信仰，陪你走過人生各種改變

隨著歲月增長，我們的人生不斷在改變。而改變對大多數人來說，都是很大的挑戰。例如身體上的改變，以前記憶力很好，現在記憶力變差了；以前體力很好，三天沒有睡覺也沒關係，現在只要一天沒睡好覺，就身體虛弱，好像上氣不接下氣，情緒也變糟了。

改變，實際上就是人生。但接受改變，又是另外一回事。常常，我們還沒有準備好，或者沒有概念的情況下，事情的改變就已經到來。例如結婚，沒有準備好，孩子就一個個來，讓我們忙亂得不可開交；接著，教養孩子，又是那麼大的挑戰，孩子每一天都在成長，讓當父母的我們，應接不暇；過沒多久，更年期居然也來了，身心好像在一夕之間突然都翻轉。接著，當我們還在思索自己的人生該怎麼打理，自己的問題都還沒能上軌道時，那個原來是小蘿蔔頭的孩子居然要結婚了，讓我們的關係在另外一個人卡進來時，猝不及防的又變調。

究竟我們該如何接招拆招呢？如果大家都能夠快速因應改變，就不會有那麼多問題如山洪爆發一樣，將我們吞噬。

在亂象層出不窮、角色或價值觀不斷的被迫改變下，有些人失落了，有些人不安了，有些人疑惑了，有些人焦慮了，還有些人抑鬱終日，更有些人暴跳如雷。尤其進入黃金歲月時，還要因應世界日新月異的科技，那樣的改變，更巨大。

這時，屬靈的部分若和心脫節，我們的身體又違和，就欠平安了。

由不得你不信，心靈的平安與否，占據快樂很大的因素，尤其是進入黃金歲月

的人，心靈的部分絕對不可輕忽。心靈和健康是息息相關的，我們的身體，不能抽掉心靈的部分而保持健康，因為兩者密不可分。

心靈通常都與信仰相連，但不完全必然。一般來說，信仰是相信這世界上有種更高的力量存在，例如上帝、天神、佛陀……而自然界本身就是一個奧祕的世界，由一種我們看不到的力量在主宰，就像空氣，是比我們個人力量還大的一種力量。

我的一個美國朋友失業又破產，婚姻同時也垮了，整個人立刻陷入無望的世界。就在他頹喪得無法自拔時，他的信仰救了他。他說：「上帝一定有祂的安排。我只要把這一切交託給上帝就行了。」

因為他的信仰，讓他不再焦慮不安，不再感到被整個世界拋棄。他的情況改變了嗎？其實沒有。但因為他的心因著信仰而穩定下來，他的靈魂也得到了照顧，後來他就開始漸漸找出自己失敗的原因，一步步的重新踏上人生。

在加爾默羅隱修道院，我和德蘭修女進行了一段非常深入的對談，她的智慧非常高。我問惠娟，為什麼修女的智慧那麼高？她們長期待在修道院裡，為什麼能知道整個世界局勢的變化？她們沒有教養過孩子，為什麼懂那麼多教養？

天主教徒的惠娟告訴我，修女每天的工作最主要的是祈禱，而祈禱的力量相當大。她們為台灣祈禱，也為世界祈禱，還為個人祈禱。我想，祈禱具有療癒心靈的效用。根據調查，美國每天有超過百分之五十的人做禱告。那些天天禱告的人中，就有百分之八十的人相信禱告是具有療癒心靈效果的。研究也顯示，常出席宗教活動，如做禮拜、望彌撒、早晚課，或拜拜的人，比較健康，尤其生重病時，痊癒得較快。可能是與心靈上有寄託有關係。

我媽媽每天睡午覺起來，就走路到村裡的成功廟和村人聊天，偶爾也拜拜。我想，村莊的廟宇，就是村人的心靈寄託所在。我的媽媽在喪偶後一個人獨居，除了需要有朋友聊天解寂，廟宇應該也給她帶來很大的鎮定力量。

每個人都需要的安慰

很多研究上都顯示，信仰對降低血壓有其功效。而信仰對於壓力幫助的研究就更多了。甚至有一份針對一百零八個罹患乳癌的女性病患所做的研究，其中有百分之九十三的患者表示，信仰給她們帶來希望。

你知道，生病的人，最需要的是安慰所帶來的希望。而信仰就是安慰的力量。哪個生病的人不希望自己健康起來呢？健康起來，遠離癌症，並因此而活下來，就是他們最大的希望。信仰會讓人認為，自己有了寄託，不再擔心，所以病況會比較快痊癒，同時也降低了生病時疼痛的感覺和紓解生病帶來的壓力。

《美國公共衛生期刊》（*American Journal of Public Health*）針對兩千名五十五歲以上的人連續做了五年的研究，報告顯示每星期至少出席一種宗教活動（如我媽媽天天到寺廟旁聊天也算）的人，五年內死亡率較低。

研究也顯示，經常和內在的自己對話，冥想、沉思，和禱告，對健康也有極大的幫助。就像出席佛教的早晚課、天主教的彌撒，或基督教的禮拜，甚至道教廟宇的誦經活動，例如邱俊英居住的客家村落，她那八十幾歲的母親，晚上就和一群上了年紀的客家婦女在村落的廟宇誦經，我站在稻田中的客家村落聆聽誦經聲，很有沉靜的感覺。而我翻讀一下她媽媽誦的經典，那是很優美的文學。

我深信，邱俊英的媽媽和眾人在廟裡誦經後，那個晚上他們一定睡得更深沉，因為她的內心感到平安。

十幾年前我帶當時十四歲的女兒寂琦騎腳踏車環島二十二天時，我們曾借宿在佛寺和一貫道的廟宇，聽比丘尼和一貫道道友談話，心靈很受啟發和震撼。

也許就是這樣，所以，信仰對長者來說，具有安定和帶來內在平安的力量。而除了信仰能給人帶來希望，冥想、協助他人、感恩、社會連結，以及宗教儀式等，都會讓人找到歸屬感，也就是心靈寄託。

信仰帶來快樂的社交

而社會連結的部分，無論對有沒有信仰的人，都能帶來立即的幫助，人們就是在社會網絡下認識他人，進而交往變成朋友。例如我童年的村莊，在地下挖掘出一把鄭成功的寶劍，而將原來的成功廟改建得更大。如今，遊覽車南來北往的到成功廟拜拜。我問了其中一部遊覽車的香客，他們怎麼會到我的村子裡的廟宇拜拜？沒想到那個人告訴我，這是為期一星期的環島拜拜活動，從台北市南下，繞了一圈台灣，一路拜到底。一起外出旅行拜拜，很有社交的成分在，很多人互相認識，有些是新朋友，遊覽車上熱熱鬧鬧的唱歌講故事，他們覺得很快樂。

之前，每星期五下午五點半，我也參加我所居住的梅崗城的一個猶太會堂，那是猶太教的廟，出席他們的祭拜活動。就像其他宗教一樣，猶太會堂也有其經典和儀式，我聽著拉比說經，祈禱，並跟著唱詩歌。

還是要老實說，很多的經典我都不懂，雖然有的是英文，但有的是希伯來文，我不明白意思，就跟著亂唱一通。儘管如此，我仍覺得內在很舒服，有一種說不上來的沉靜和諧。多數時間我參加的是一神普救派（Universal Unitarian，簡稱ＵＵ）的禮拜，那不真正屬於基督教，禮拜時不用《聖經》，但有牧師講道，範圍幾乎都是針對心靈、環境、性別、種族，與人權等等。一般ＵＵ教派的人，思想都是非常自由，很難被宗教綁住的人。

偶爾，我也參加梅崗城的天主堂彌撒，各種不同基督教派的禮拜，甚至是希臘東正教的禮拜。梅崗城位於喬治亞州，也就是美國的聖經地帶，因此，梅崗城的教堂很多，轉角就是一座兩座教堂相連，而且多是走路就到得了的地方。

我非常好奇不同的宗教具有什麼樣的不同特色，就藉著遊走在不同宗教之間，認識各宗教的差異性和相似性，並感到全心舒暢無比。

如果你想進一步進入心靈世界，可以探索一下：

如果你對宗教有興趣，可以就近在你家附近找到你喜歡的宗教團體參加。你可以問，該宗教團體何時開放？或何時有活動？需不需要預先做準備？當然，也要問清楚有沒有什麼規矩或禁忌要遵守。大體上，宗教是自由的，只是，為了不觸犯人家的廟堂，還是先問一下比較妥當。

如果你對宗教沒有興趣，或者沒有固定的信仰，可以像我這樣遊走於各宗教之間，來去自如。也可以自己買書來讀，關於心靈的書很多。

若你不想花錢買書，又想要對心靈世界多些認識，可以在一些公共區域，如寺廟、超市，或麵包店等拿一些免費書籍，大致上那些都是宗教經典，如佛經、聖經、道經……甚至還有免費的ＣＤ和ＤＶＤ。基本上，都是由善心人士或者宗教團體印出來免費贈送的。你也可以上YouTube網站聆聽。YouTube上，幾乎要找什麼都有。

參加心靈課程。你可以參加一些心靈課程或宗教課程，進一步認識心靈成長的部分。讓自己的心靈隨著年紀成長，一定要讓自己屬靈的部分也跟著成長，由此你會感到生命的奧妙，並對自己的生命感到滿足和感恩。

你也可以參加一些關於心靈方面的演講。聽演講不但可以幫助心靈成長，可以交朋友，還排遣寂寞，好處多多。

Chapter 15

後青春式的飲食法

與其依賴健保，不如認真對待自己的飲食！從現在開始，好好檢視吃下去的每一餐吧，遠離醫院，遠離藥物，維持青春的奧祕，就藏在你吃的每一口食物裡。

食色，性也

年紀愈大，身體的改變就愈多。新陳代謝慢了，一不小心，就要胖給人家看。因此，要攝取更少卡路里，但也不能沒有卡路里，這是長者的飲食原則。

這也是我對自己飲食的調整原則，降低吃肉的比例，因為我的身體不再需要那麼多卡路里了。

我們嘴巴吃進什麼，我們的健康就跟著改變，也就是我們從小學習到的：「病從口入」，這是我的信仰之一。

當我吃飯時，我很注意我身體的反應。吃完一餐食物，我的身體會很誠實的告訴我，舒服或不舒服。我很仔細傾聽我身體說的話，例如上館子那天，身體反應就跟平時不一樣，因為食物多油、多鹽，可能還添加了味素。

在地中海國家自助旅行時，我有很多機會吃到最道地的地中海飲食，那時總感覺身體非常舒適。根據研究，地中海式飲食是最健康的飲食方式，我以地中海飲食為努力方向。使用特級初榨橄欖油（Extra Virgin Olive Oil）和各色的蔬菜水果及堅果是地中海飲食的特色。而美國有許多堅果，如榛果、胡桃、杏仁、栗子，我也常將堅果加入我的飲食。

飲食是每天三餐的事情，當然要以當地的食物做調整，這是我的作法。

地中海式飲食最適合長者採用，地中海的飲食金字塔如下：

第一階，最底下的一層，包括：水果、蔬菜、全穀、橄欖油、豆類、核果、種子、香草植物，也就是每天應該吃最多的食物。

第二階，包括魚類和海產，每星期兩次以上，但是不必天天吃。

第三階，包括家禽、蛋類及乳製品，每個星期一至三次。

第四階，最上面的一層，包括紅肉，如豬肉、牛肉，以及甜點。

抗老長壽，蔬菜、水果第一名

蔬果是抗癌和防老最有利的真正自然的食物，也是長壽的最佳代言人。超防老的蔬果包括：

鱷梨，莓類，包括藍莓、草莓、蔓越莓、覆盆子，並以藍莓最具抗氧化效果。還有青花菜、高麗菜、紅蘿蔔、柑橘類、葡萄、洋蔥、菠菜，和番茄。

雖然這些蔬果超級防老，但飲食均衡，是我的飲食原則，因為我喜歡每天吃不一樣的食物，就天天移情別戀。

另外，我的飲食原則居然和四項維持健康的訴求不謀而合，那就是：健康飲食（多蔬果，少肉）、維持ＢＭＩ十九至二十四，每週至少運動三・五小時，和不吸菸。

體重是否合乎健康標準，是依照身體質量指數（Body Mass Index，縮寫為ＢＭＩ）為準則，其計算公式如下：

ＢＭＩ=**體重**（kg）／**身高平方**（m^2）。

例如，我的身高一六一・五公分，體重五十四公斤，我的ＢＭＩ是二十一。梅約醫學中心特別提醒，亞洲人的ＢＭＩ若超過二十三，有可能危及健康。

我吃得很簡單，幾年前，我的飲食從每天五種蔬菜水果調整為七種蔬菜水果以上，大多時候一天吃十種蔬菜水果。我不斷調整飲食方式和內容。

也許，你很好奇，我怎麼做菜，一天能吃那麼多種的蔬果？

來美國讀書後，我改變做菜方法，先放一些水到鍋子，並將比較耐煮的食物放

成人的體重分級與標準	
分級	身體質量指數（BMI）
體重過輕	BMI＜18.5
正常範圍	18.5≦BMI＜24
體重過重	24≦BMI＜27
輕度肥胖	27≦BMI＜30
中度肥胖	30≦BMI＜35
重度肥胖	BMI≧35

入，煮了一段時間，再加入中等耐煮的東西，要起鍋前幾分鐘，放入葉菜類，最後才將大蒜和橄欖油和鹽巴等調味料加入，就完成。

這種作法，一鍋就可以煮所有我要吃的食物，是名副其實的綜合鍋或雜鍋，而且沒有油煙。

美國已過世的醫生柯羅斯（Jethro Kloss），同時是食物專家，他生前做過許多扎實的研究。柯羅斯寫的一本書《回到伊甸園》（*Back to Eden*），講的是飲食烹飪，以大地生產的食物為主，其他為輔。這本書對我的飲食觀念影響很大。

《回到伊甸園》的最大特色是把食物和疾病相連，分析得很科學，還有許多柯羅斯自己開發的食譜。對他來說，食物本身就是醫療。

美國第三任總統傑佛遜是我的偶像，他非常注重飲食，還自己種菜，他所吃的每一口食物，都是從他的菜園出來的。他的飲食理論是，時下的主食（Main dish）如魚肉，應該調整為副食（Side dish）；而副食（蔬菜水果）應變成主食，這樣人才會更健康。

柯羅斯醫生和傑佛遜兩人不約而同的都是以大地陽光滋養的食物為主，而這也是維護長者健康的飲食方向。

老年減重

新陳代謝速度偏低的長者，超重的機率高，為了心臟的健康和防老，有時必須減重。

我在紐約市徒步旅行三星期時，力行走路和減少飲食分量，體重就降了三公斤左右。可見得上年紀的人，要減重不是不可能，少吃多動，多攝取蔬果，就一定能達到減重的目的。

美國梅約醫學中心的《梅約醫學中心健康飲食》（*The Mayo Clinic Diet*）一書中，對要減重者的飲食建議以「五要」、「五不」和「五增」等習慣原則。

「五要」是：

- 要吃健康早餐，但不要吃太多。
- 要吃蔬菜和水果，每天吃至少四種蔬菜和三種水果。
- 要吃全穀物，全穀麵包、糙米、燕麥，和其他。
- 要攝取健康的脂肪，例如橄欖油、蔬菜油和堅果裡的油脂。
- 要多動，要每天至少走路或運動三十分鐘。

「五不」是：

- 吃東西時不看電視，看電視的時間和運動時間要相等。
- 不吃糖，或只吃來自水果的糖。
- 不吃點心，除非是蔬菜和水果。
- 適當肉類和少脂肪。
- 減少外食，除非餐廳提供的食物和減重目標一致。

「五增」是：

- 記錄吃下的食物，所有自己吃的一切。

- 記錄運動，運動的種類、持久性和強度。
- 移動更多，每天走路或運動六十分鐘。
- 要吃「真食物」（未加工的食物），少吃冷凍調理食品或罐頭類。
- 寫下自己每天的減重目標。

防老飲食祕訣

長者需要的食物，應該是以減緩老化為依歸。老，不是疾病，但老化的速度和疾病成正比。而抗氧化的食物，就是抗老，也就是讓自己年輕化。

人老，雖是自然律，是自然的現象，但柏克萊的生物學家愛美斯博士（Dr. Bruce N. Ames）的研究，很早就談到老化，是自由基（Free radical）在作祟。

一九九三年九月，在美國國家科學學院的刊物上，愛美斯博士的一篇研究〈氧化、抗氧化和老年疾病惡化〉（Oxidants, Antioxidants and the Degenerative Diseases of Aging.）就指出，氧化破壞了ＤＮＡ的細胞，加速老化。而老年疾病惡化，包括癌症、心血管疾病、免疫系統下降、腦和神經系統失能，如帕金森氏症、漸凍症，及大腦血管的改變，也就是眾所周知的高齡衰老現象。

愛美斯博士說，ＤＮＡ病變加速老化。我們可以從食物的攝取來減緩老年疾病惡化和老化現象，也就是透過飲食，讓自己年輕起來，老得更慢。

官兵捉強盜

如果說自由基是罪犯，那麼，抗氧化就是警察。自由基和抗氧化之間的關係，就是官兵捉強盜。因為自由基破壞了我們身體的細胞，把細胞氧化了。而抗氧化就是在修護我們身體被氧化的細胞。

因此，多吃抗氧化食物，就會減緩老化的作用。哪些食物最能抗氧化呢？

美國食物健康作家卡波（Jean Carper）的《即刻停止老化》（*Stop Aging Now!*）是很權威的得獎書。卡波極力推崇長者使用維他命和礦物質的補充，以延緩老化，並且延長壽命。她認為長者的身體吸收營養的能力降低，和年輕人不一樣。

美國的一些老年專家和相關病理專家個人也每天服用數種維他命，來減慢自己老化的速度。其中，維他命E和維他命C幾乎都榜上有名。須注意的是，**如果你有某些疾病或正在服用藥物，在補充維他命或礦物質前，需要先請示醫生的許可，以防藥物和維他命之間是否互相衝突。**

抗老食物

(1)維他命Ｅ——叫我抗老第一名

維他命Ｅ的作用如下：

- 維他命Ｅ會把自由基抵擋在外。
- 鎖住壞膽固醇ＬＤＬ氧化和其他因脂肪引起的細胞受損。
- 預防心臟病和中風。
- 讓動脈暢流無阻，不被阻塞。
- 免疫系統的恢復。
- 預防癌症和癌症細胞的增長。
- 保護頭腦不被老年疾病惡化所侵襲。
- 解除關節炎的症狀。
- 對抗白內障和肌肉惡化。
- 解除間歇性跛足，降低血流到大腿的動脈。

涵蓋豐富維他命E的食物，包括植物油中的黃豆油、葵花油和玉米油。堅果、種子、全穀食物、全麥及一些蔬菜中也有維他命E。

美國華盛頓大學的心臟病研究員才特（Dr. Alan Chait）指出，我們得喝兩夸脫的玉米油和吃超過五磅的小麥胚芽，八杯的杏仁或二十八杯的花生才夠四百IU的需求。

因此，卡波極力主張，長者應每天服用維他命E至少一百IU，而四百IU更好，以鎖住壞的膽固醇，減緩氧化。每天一百IU至三百IU最恰當。但維他命E是脂溶性，若一天超過一百IU，有可能會頭痛、拉肚子，血壓升高，要謹慎才是。

購買維他命E時要注意，天然的維他命E品質較好，寫著d alpha tocopherol的就是。合成的維他命E比較便宜，但有可能對健康造成負面影響。合成的維他命E是dl alpha tocopherol。注意，d是自然的，dl是合成的。

(2)維他命C——我是亞軍

維他命C雖然是抗氧化的亞軍，但對抗老化一點也不含糊。維他命C的作用：

- 抑制高血壓。
- 提高好的膽固醇HDL。

- 降低壞膽固醇ＬＤＬ。
- 增強自由基的敵人穀氨酸鹽。
- 禁止壞膽固醇氧化產生毒素和預防動脈阻塞。
- 淨化動脈壁上脂肪的殘留。
- 增強脈管壁，預防傷痕。
- 降低心臟病機率。
- 增進免疫功能。
- 避免氣喘的可能，慢性支氣管炎，和其他肺部引起的呼吸問題。
- 預防牙周病，阻止自由基攻擊牙床細胞。
- 阻礙氧化對眼睛的傷害，降低白內障和其他因老化帶來的眼睛疾病。
- 保護精子不受自由基破壞，增加生殖功能。
- 有五種對抗癌症的方式：防止致癌因素、阻止自由基在癌症初發的傷害、預防癌症活動時基因和病毒的交流、控制免疫力，和減緩腫瘤的成長。

食物中含有高維他命Ｃ者包括甜椒、哈密瓜、木瓜、草莓、青花菜、番茄和球芽甘藍、柑橘及奇異果。

卡波強力主張每天補充維他命C一千毫克。但須注意，雖然維他命C是水溶性，也很安全，但過量還是有可能會造成拉肚子、嘔吐，和心絞痛現象。

(3) 胡蘿蔔素——殿軍就是我

胡蘿蔔素的作用：

- 預防肝癌、乳癌和胃癌。
- 預防中風。
- 預防心臟病。
- 預防膽固醇氧化塞住動脈。
- 打擊腫瘤細胞。
- 刺激免疫功能。
- 預防白內障。

含胡蘿蔔素的食物，不只是紅蘿蔔。紅蘿蔔當屬第一名，番薯其次。其他富含胡蘿蔔素的食物包括杏仁、菊苣、菠菜、哈密瓜、蘿蔔葉、南瓜、羽衣甘藍、番茄、葡萄柚、芒果、甜椒、西瓜，和青花菜。紅蘿蔔榨成汁，比生吃或煮熟來得更具營養。

卡波建議，如果需要補充胡蘿蔔素，每天以十到十五毫克為主，並且和其他食物一起攝取。胡蘿蔔素是最不具毒性的維他命，義大利和芬蘭的動物實驗證實了過量胡蘿蔔素並不具傷害性。

抗老營養素，除了這三大抗氧化物之外，接下來就是維他命B群了。維他命B群中最傲視群倫的，當以三大B為主，就是B_{12}、B_6、和葉酸。而三大B中，最重要的是B_{12}。為什麼維他命B群那麼重要？主要是具有快速修復高齡衰老和其他老化問題的能力。這也意味著假使欠缺B群，和老年失智症相關的疾病，就有機可乘。而B_{12}是只有從動物性來的食物才有，如魚肉和奶類等。

卡波建議，五十或六十歲的人開始服用B_{12}，可以降低老年失智的機率。

(4) 葉酸

綠色的蔬菜，看起來不只賞心悅目，吃起來口感也很好。卡波說，身體上欠缺葉酸，就等於告別青春。葉酸可以預防記憶力衰退、憂鬱症，和失智現象。

攝取葉酸不足，還會有情緒不穩和專注力不足等問題。

葉酸大都在綠色蔬菜裡，及其他蔬菜，和豆科植物。

含高葉酸的食物，包括波菜、羽衣甘藍、柑橘類，和甘豆等。

(5) B_6

我們的身體，四十歲就開始走下坡，吸收力比以前還弱。長者在B群上的吸收差多了，需要量比年輕人多百分之二十，B_6更甚。因此，四十歲以上的人，補充B_6是有必要的。

富含B_6的食物，包括海產、全穀類、堅果、黃豆、香蕉、番薯和李子。

欠缺B_6的人，免疫系統功能下降、精神狀況也降低、危急心臟健康、感染疾病的增加、和癌症的可能性也提高。

(6) 微量元素

接下來，還有重要的微量元素，包括鉻、鋅、鈣、鎂、硒、穀胱甘肽（Glutathione），以及輔酶Q_{10}（coenzyme Q-10）等等。鉻會增進人的活力，並延長壽命。鉻是胰島素的守護神。每天兩百微克的鉻，根據研究，可降低第二型糖尿病女性患者的胰島素和三酸甘油脂，降低成人糖尿病機率，讓血糖正常化，增進活力和免疫力功能，延長壽命。富含鉻的食物，包括製造啤酒的酵母，青花菜、大麥、肝臟、龍蝦的尾巴、蝦子、全穀物、香菇，和啤酒。一般人每天兩百微克，糖尿病者需要的攝取量更多，但應先諮詢專業醫生，過量不宜。中年時開始服用，防糖尿病效果較佳。

鋅，掌控了免疫系統，會讓人再度年輕起來。中年開始，我們身體的鋅在以下幾種情況下會降低：

- 如果每天吃低於兩千四百卡路里的食物，身體抗老的鋅就降低了。
- 素食者身體的鋅不足，因為鋅主要來自於肉、海產，和家禽家畜。
- 如果你吃太多的纖維，纖維會阻礙鋅的吸收。
- 五十歲以上，身體吸收鋅的能力降低。

每天十五到三十毫克的鋅是足夠的，但是，有些人上了七十五歲後，身體需要的鋅就增加到每天五十毫克。

還有鈣，抗老，當然非鈣不可，鈣是重要礦物質。骨頭要強健靠鈣，不論你是八歲或八十歲，我們身體都需要很多鈣。鈣讓我們的骨骼年輕。人的骨骼年輕，人自然就年輕了。

維他命D會幫助我們的身體吸收鈣質。而陽光是免費的維他命D，每星期曬三次太陽是有好處的。美國知名醫生赫力克（Michael F. Holick, M.D.）說，百分之四十的人嘴唇破裂是缺維他命D的關係。

專家說，維他命D不能攝取太多，中年人和長者每天以兩千IU為限，多了就會中毒。不同年紀和不同性別的人需要的鈣量也不一樣。二十五歲到五十歲的女性，每天需要一千毫克的鈣。後更年期時，需要一千到一千五百毫克的鈣，而六十五歲以上的女人，需要一千五百毫克的鈣。二十五歲以上的男性，每天需要一千毫克的鈣來維持骨骼年輕。

要挑選哪種鈣最好？卡波認為最好的選擇是碳酸鈣（calcium carbonate）和檸檬酸鈣（calcium citrate）。她建議千萬別買用骨粉（bonemeal）或白雲石礦（dolomite）做成的鈣。

抗老也非鎂不行。鎂是防老的發電所，少鎂就容易早衰，也容易引起心臟疾病，胰島素的水平也會傾斜，骨骼易碎。長者每天需要補充兩百到三百毫克的鎂，專家說再加上食物的鎂，就已經足夠。

硒，也維持人的年輕。年紀漸長，身體的硒就下降。六十歲以上，硒降了百分之七。七十五歲以上下降了百分之二十四。硒下降，身體的抗氧化功能就降低。硒水平低的人容易有心臟疾病、癌症，和關節炎。

含硒的食物包括全穀物、葵花子、肉、海產，特別是鮪魚、箭魚、牡蠣，及大蒜。亞瑪遜所產的巴西堅果含硒第一名。

若要補充硒，每天以一百到兩百微克為原則。硒還具有抗癌作用。

接下來是穀胱甘肽（Glutathione），要活得健康和長壽，身體一定要有足夠的穀胱甘肽，那是維持細胞健康的營養素，是抗氧化的戰將。穀胱甘肽不足，有三分之一的機會易得慢性病，健康就差，身體功能下降，也易早死。研究顯示，百分之七十七住院病人缺乏穀胱甘肽。而吃愈多肉的人，身體也愈少穀胱甘肽。

紅蘿蔔（生吃）、番茄汁，和菠菜都含很多穀胱甘肽，還有高麗菜、花椰菜、青花菜和球芽甘藍。肉類雖也富含穀胱甘肽，但其他因素會將穀胱甘肽抽離。

穀胱甘肽可讓免疫系統功能健康、年輕化，和降低癌症發生率……每天補充維他命穀胱甘肽二十五到五十毫克，有益抗老。

輔酶Q_{10}（coenzyme Q-10），在人類身體細胞內參與能量製造及活化，是預防動脈硬化形成最有效的抗氧化成分。科學臨床實驗顯示，輔酶Q_{10}或有助於免疫系統、牙齦牙周、輔助治療愛滋病、預防多種癌症，和心臟等的健康。

食物中含輔酶高的是鯖魚和沙丁魚，還有動物內臟、牛肉、黃豆油和花生。

輔酶幾乎都來自日本，價錢不菲，每天服用五十到一百五十毫克即可。

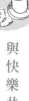

其他防老和抗老的食物，還包括古代的抗老明星大蒜、魚油、黃豆，和茶葉。

(7) 大蒜是抗老明星

德拉妮姊妹在她們的《百歲姊妹有話說》一書中就說，她們姊妹倆每天早上做完瑜伽後，就各吞一粒大蒜，作法是將大蒜切成一片片，然後吞下去。

大蒜能防止癌症、降低壞膽固醇、疏通堵塞血管、預防心臟病、增強智力，和免疫系統的恢復。大蒜很容易買到，價錢也低，每天早上生吃一粒大蒜，最高一天吃三粒大蒜，就可以讓自己年輕，太划算了。

如果你害怕大蒜的特殊味道，可以到健康食品店買瓶裝的萃取膠囊。

(8) 黃豆

台灣人每天吃很多和黃豆有關的食物，包括豆漿、豆腐、味噌、豆乾……我們對黃豆已經非常熟悉，只是有些人可能不知道黃豆還可讓人防老和長壽。

關於黃豆的防老研究很多。黃豆最具效力的是含有金雀異黃酮，具有抗氧化、抗老和抗癌的魔力。

黃豆的功用包括防止攝護腺癌、保護動脈、穩定血糖，和強化骨骼。

(9) 綠茶

台灣人喝茶也多，茶和紅酒的效益差不多，都是抗氧化，是抗老和延年益壽的好食物，其中抗氧化性以綠茶最高。茶含有抗氧化茶多酚，包括兒茶素和槲皮素。葡萄、莓類、洋蔥和紅酒也具有這些元素。因此，如果喝茶讓你睡不著，可以改吃這些食物。

因為富含抗氧化成分，因此喝茶可預防心臟病，亦可防癌，和牙齦健康。

(10) 魚油

所有的魚類對延年益壽都有好處，而且愈肥愈好，鮪魚、沙丁魚、鮭魚、鯖魚、鯷魚、鯡魚之類的魚類，更是魚產中抗老的明星。每週至少吃三次魚，可降低心臟病、使動脈更年輕更具彈性、防止糖尿病、降低中風、防阻大腸癌，和乳癌等。哈佛大學醫學院的力夫教授（Dr. Alexander Leaf）強調，以吃魚為優先。若需要補充魚油，就是含有Omerga-3的魚油，每天一千毫克即可。卡波則提醒，若服用魚油，最好也同時服用維他命E。

多喝水，並補充維他命

每天喝水八大杯。我每天早上起床會先喝兩大杯溫或熱水，幫助排便和清除宿便。買維他命時要仔細看標示，以維他命E來說，上面標示是dl，就是合成，標示是d，就是天然的。若需硒，可買維他命E＋硒，但價錢比純維他命E高。

只要上了年紀，在飲食上，一定要記得，氧喜愛脂肪，就是肉類。若能抗氧化，就能防老，也就是說，要老得慢一點，就要少吃肉。還要記住的是，大地提供我們身體所需，來自於大地的食物是最可靠的，也要盡量少吃加工過的食物。

只要吃對食物，做對運動，個性又樂觀開朗，愛交朋友，和活得有目標。愈活愈年輕，不是不可能。

【附錄】

勞保老年給付的3種請領方式

	一次請領老年給付	老年年金給付	老年一次金給付
請領條件	1. 參加保險之年資合計滿1年，男性年滿60歲或女性年滿55歲。 2. 年資合計滿15年，年滿55歲。 3. 同一投保單位年資合計滿25年。 4. 年資合計滿25年，年滿50歲。擔任具危險、堅強體力等特殊性質之工作（中央主管訂定）合計滿5年，年滿55歲。	1. 年滿60歲，保險年資合計滿15年。 2. 擔任具危險、堅強體力等特殊性質之工作（中央主管訂定）合計滿15年，年滿55歲。	1. 年滿60歲。 2. 年資合計未滿15年。
計算方式	給付金額＝平均月投保薪資×給付月數。	每個月給付金額，依下列二式擇優發給： 1. 平均月投保薪資×年資×0.775% +3,000元。 2. 平均月投保薪資×年資×1.55%。	給付金額＝平均月投保薪資×給付月數。

	一次請領老年給付	老年年金給付	老年一次金給付
平均月投保薪資計算	1. 按退保當月起前3年之實際月投保薪資平均計算。 2. 參加保險未滿3年，按實際投保年資之平均月投保薪資計算。	按加保期間最高60個月之月投保薪資平均計算。	1. 按加保期間最高60個月之月投保薪資平均計算。 2. 參加保險未滿5年，按實際投保年資之平均月投保薪資計算。
年資計算	保險年資未滿1年者，依其實際加保月數按比例計算；未滿30日者，以1個月計算。		
	1. 保險年資合計每滿1年，按其平均月投保薪資發給1個月。 2. 保險年資合計超過15年者，超過部分，每滿1年發給2個月，最高以45個月為限。 3. 逾60歲之保險年資最多以5年計，合併60歲以前之一次請領老年給付，最高以50個月為限。	平均月投保薪資較高或年資較長者，選第二式較有利。	1. 每滿1年，按其平均月投保薪資發給1個月。保險年資未滿1年者，依其實際加保月數按比例計算。 2. 未滿30日者，以1個月計算。 3. 逾60歲以後之保險年資，最多以5年計。

（資料來源：勞工保險局）

國家圖書館預行編目資料

與快樂共老——15個活出自我的後青春提案／
丘引著. --初版. --臺北市:寶瓶文化, 2015. 3
面； 公分. --(Restart；003)
ISBN 978-986-406-003-0（平裝）

1. 老年 2. 生涯規劃 3. 生活指導

544.8 104002712

Restart 003

與快樂共老——15個活出自我的後青春提案

作者／丘引

發行人／張寶琴
社長兼總編輯／朱亞君
主編／張純玲・簡伊玲
編輯／賴逸娟・丁慧瑋
美術主編／林慧雯
校對／賴逸娟・陳佩伶・劉素芬・丘引
企劃副理／蘇靜玲
業務經理／李婉婷
財務主任／歐素琪 業務專員／林裕翔
出版者／寶瓶文化事業股份有限公司
地址／台北市110信義區基隆路一段180號8樓
電話／(02)27494988 傳真／(02)27495072
郵政劃撥／19446403 寶瓶文化事業股份有限公司
印刷廠／世和印製企業有限公司
總經銷／大和書報圖書股份有限公司 電話／(02)89902588
地址／新北市五股工業區五工五路2號 傳真／(02)22997900
E-mail／aquarius@udngroup.com

法律顧問／理律法律事務所陳長文律師、蔣大中律師
如有破損或裝訂錯誤，請寄回本公司更換
著作完成日期／二〇一五年
初版一刷日期／二〇一五年三月
初版二刷日期／二〇一五年三月六日
ISBN／978-986-406-003-0
定價／三〇〇元

AQUARIUS 寶瓶 文化事業

愛書人卡

感謝您熱心的為我們填寫，
對您的意見，我們會認真的加以參考，
希望寶瓶文化推出的每一本書，都能得到您的肯定與永遠的支持。

系列：Restart 003　**書名：與快樂共老**——15個活出自我的後青春提案

1. 姓名：＿＿＿＿＿＿＿＿　性別：□男　□女
2. 生日：＿＿年＿＿月＿＿日
3. 教育程度：□大學以上　□大學　□專科　□高中、高職　□高中職以下
4. 職業：＿＿＿＿＿＿＿
5. 聯絡地址：＿＿＿＿＿＿＿＿＿＿＿＿＿＿＿＿＿＿＿＿

   聯絡電話：＿＿＿＿＿＿＿＿　手機：＿＿＿＿＿＿＿＿
6. E-mail信箱：＿＿＿＿＿＿＿＿＿＿＿＿＿＿＿

   □同意　□不同意　免費獲得寶瓶文化叢書訊息
7. 購買日期：＿＿ 年 ＿＿ 月 ＿＿日
8. 您得知本書的管道：□報紙／雜誌　□電視／電台　□親友介紹　□逛書店　□網路

   □傳單／海報　□廣告　□其他
9. 您在哪裡買到本書：□書店，店名＿＿＿＿＿　□劃撥　□現場活動　□贈書

   □網路購書，網站名稱：＿＿＿＿＿＿　□其他＿＿＿＿＿
10. 對本書的建議：（請填代號　1. 滿意　2. 尚可　3. 再改進，請提供意見）

    內容：＿＿＿＿＿＿＿＿＿＿＿＿

    封面：＿＿＿＿＿＿＿＿＿＿＿＿

    編排：＿＿＿＿＿＿＿＿＿＿＿＿

    其他：＿＿＿＿＿＿＿＿＿＿＿＿

    綜合意見：＿＿＿＿＿＿＿＿＿＿＿＿＿＿＿＿＿＿＿＿＿＿＿
11. 希望我們未來出版哪一類的書籍：＿＿＿＿＿＿＿＿＿＿＿＿＿＿＿

讓文字與書寫的聲音大鳴大放

寶瓶文化事業股份有限公司

（請沿此虛線剪下）

廣 告 回 函
北區郵政管理局登記
證北台字15345號
免貼郵票

寶瓶文化事業股份有限公司　收

110台北市信義區基隆路一段180號8樓
8F,180 KEELUNG RD.,SEC.1,
TAIPEI.(110)TAIWAN R.O.C.

（請沿虛線對折後寄回，謝謝）